FRANÇOISE SAGAN

La Chamade

ROMAN

JULLIARD

LA CHAMADE

*Née en 1935 à Cajarc (Lot), Françoise Sagan fait ses études à Paris
où résident ses parents. Son premier roman,* Bonjour tristesse, *obtient
le Prix des Critiques (1954) et connaît auprès du grand public une
fortune exceptionnelle.*
Son succès se maintient avec les romans suivants : Un Certain Sourire
(1956), Dans un mois, dans un an *(1957),* Aimez-vous Brahms... *(1959),*
Les Merveilleux Nuages *(1961),* La Chamade *(1965),* Le Garde du
cœur *(1968),* Un peu de soleil dans l'eau froide *(1969).*
Après un livret de ballet, Le Rendez-vous manqué *(1957), Françoise
Sagan se tourne vers le théâtre :* Château en Suède *(1960),* Les Violons
parfois *(1961),* La Robe mauve de Valentine *(1963),* Bonheur, impair
et passe *(1964),* Le Cheval évanoui *(1966).*

Eros, dieu de l'amour, est toujours représenté solidement armé d'arc
et de flèches mais succinctement vêtu. Peut-être est-ce pour cela qu'il
s'acclimate mieux dans les tièdes fourrures de la richesse que dans les
loques et les courants d'air de la pauvreté. Ce sont là des considé-
rations auxquelles Lucile Saint-Léger ne s'est jamais attardée, car
l'argent ne compte à ses yeux que comme une commodité et elle professe
de n'y pas tenir. Si, depuis deux ans, Charles Blassans-Lignières lui
fait mener le genre de vie qui lui plaît, elle abandonne sans regret ce
luxe quand Antoine — dont elle s'est éprise — la force de choisir
entre Charles et lui.
Il serait exagéré de parler de misère, mais Antoine n'est pas un riche
homme d'affaires comme Charles; il travaille modestement dans une
maison d'éditions. Vienne un « coup dur », où trouver la somme nécessaire pour arranger les choses? Et la gêne est-elle vraiment un mode
de vie supportable? Ce sont de ces écueils où achoppent les pieds
fragiles de l'amour. Eros supporte mal les rigueurs des saisons.

ŒUVRES DE FRANÇOISE SAGAN

Dans Le Livre de Poche :

UN CERTAIN SOURIRE.
BONJOUR TRISTESSE.
CHATEAU EN SUÈDE.
DANS UN MOIS, DANS UN AN.
LES MERVEILLEUX NUAGES.
LES VIOLONS PARFOIS.
LA ROBE MAUVE DE VALENTINE.
AIMEZ-VOUS BRAHMS..
LE CHEVAL ÉVANOUI *suivi de* L'ÉCHARDE.
LE GARDE DU CŒUR.

A mes parents

*J'ai fait la magique étude
Du Bonheur, que nul n'élude*

RIMBAUD

PREMIERE PARTIE

LE PRINTEMPS

cherche de la main à tâtons
to grop for over the hand

I

ELLE ouvrit les yeux. Un vent brusque, décidé, s'était introduit dans la chambre. Il transformait le rideau en voile, faisait se pencher les fleurs dans leur grand vase, à terre, et s'attaquait à présent à son sommeil. C'était un vent de printemps, le premier : il sentait les bois, les forêts, la terre, il avait traversé impunément les faubourgs de Paris, les rues gavées d'essence et il arrivait léger, fanfaron, à l'aube, dans sa chambre pour lui signaler, avant même qu'elle ne reprît conscience, le plaisir de vivre.

Elle referma les yeux, se retourna sur le ventre, chercha de la main, à tâtons, sa pendule par terre, le visage toujours enfoui dans l'oreiller. Elle avait dû l'oublier, elle oubliait toujours tout. Elle se leva avec précautions, glissa la tête par la fenêtre. Il faisait sombre, les fenêtres en face étaient fermées. Ce vent n'avait aucun sens commun de circuler à cette heure-là ! Elle se recoucha, rabattit ses draps énergiquement autour d'elle et fit quelque temps semblant de dormir.

En vain. Le vent paradait dans la chambre, elle le sentait s'énerver dans la mollesse penchée des roses, du gon-

flement effrayé des rideaux. Il passait sur elle par moments, la suppliant de tous ses parfums de campagne :
« Viens te promener, viens te promener avec moi. » Son
corps engourdi s'y refusait, des bribes de rêves revenaient embuer son cerveau, mais un sourire lui détendait
peu à peu la bouche. L'aube, la campagne à l'aube... Les
quatre platanes sur la terrasse, leurs feuilles si bien
découpées sur le ciel blanc, le bruit des graviers sous les
pattes du chien, l'éternelle enfance. Qu'est-ce qui pouvait encore conférer quelque charme à cette enfance
après les plaintes des écrivains, les théories des psy-
chanalystes, les épanchements subits de tout être humain
dès qu'il partait sur ce thème, « quand j'étais enfant » ?
Cette nostalgie sans doute d'une irresponsabilité sou-
veraine et (perdue.) Mais (elle n'eût voulu le dire à personne), elle ne l'avait pas perdue. Elle se sentait parfaitement irresponsable.

Cette dernière pensée la (mit debout.) Elle chercha
de l'œil sa robe de chambre et ne la trouva pas. Quelqu'un avait dû la ranger, mais où ? Elle ouvrit les pen-
deries en soupirant. Elle ne s'habituerait décidément
jamais à cette chambre. Ni à aucune autre d'ailleurs.
Les décors la laissaient parfaitement indifférente. C'était
pourtant une belle pièce, haute de plafond, avec deux
grandes fenêtres sur une rue de la rive gauche et une
(moquette) bleu-gris, douce à l'œil, et au pied. Le lit
semblait une île, (entourée) de deux unique (récifs) la
table de nuit et une table basse entre les deux fenêtres,
chacune très pure de style d'après Charles. Et la robe
de chambre enfin découverte était en soie et le luxe une
chose très agréable en vérité.

carpet

surmounted   reefs.

Elle passa dans la chambre de Charles. Il dormait
les fenêtres fermées, sa lampe de chevet allumée, et nul
vent ne le dérangeait jamais. Ses somnifères étaient
bien rangés près de son paquet de cigarettes, son bri-
quet, son réveil fixé à huit heures et sa bouteille d'eau
minérale. Seul *Le Monde* traînait à terre. Elle s'assit au
pied du lit et le regarda. Charles avait cinquante ans,
de beaux traits un peu mous et l'air malheureux quand
il dormait. Ce matin-là, il avait l'air encore plus triste
que d'habitude. Il avait des affaires immobilières, beaucoup d'argent et des rapports humains plutôt difficiles
dus à un mélange de politesse et de timidité qui le rendait parfois glacial. Il y avait deux ans qu'ils vivaient
ensemble, si l'on pouvait appeler vivre ensemble le fait
d'habiter le même appartement, de voir les mêmes gens
et de partager parfois le même lit. Il se retourna vers
le mur et gémit un peu. Elle pensa une fois de plus
qu'elle devait le rendre malheureux et, tout aussitôt,
qu'il l'eût été de toute façon avec une femme de vingt
ans plus jeune que lui et frappée d'indépendance. Elle
prit une cigarette sur la table de nuit, l'alluma sans
bruit et reprit sa contemplation. Les cheveux de Charles
devenaient gris en haut, les veines saillaient sur les
mains qu'il avait très belles, la bouche se décolorait
un peu. Elle eut un mouvement de tendresse vers lui.
Comment pouvait-on être bon, intelligent et si malheureux ? Et elle ne pouvait rien pour lui : on ne peut consoler personne d'être né et d'avoir à mourir. Elle se mit
à tousser, elle avait tort de fumer le matin à jeun. Il
ne fallait pas fumer à jeun, ni boire d'alcool d'ailleurs,
ni conduire vite, ni faire trop l'amour, ni fatiguer son

cœur, ni dépenser son argent, ni rien. Elle bâilla. Elle
allait prendre la voiture et suivre le vent de printemps
assez loin dans la campagne. Elle ne travaillerait pas
plus aujourd'hui que les autres jours. Elle en avait, grâce
à Charles, perdu l'habitude.

Une demi-heure plus tard, elle roulait sur l'auto-
route de Nancy. La radio du cabriolet transmettait
un concerto. Etait-ce de : Grieg, Schumann, Rachma-
ninov ? En tout cas un romantique, mais lequel ? Cela
l'agaçait et lui plaisait à la fois. Elle n'aimait la cul-
ture que par la mémoire et par une mémoire sensible.
« J'ai entendu cela vingt fois et je sais que j'étais malheureuse à ce moment-là et que cette musique me
semblait appliquée à cette souffrance comme une décal-
comanie. » Déjà, elle ne savait plus de qui lui était
venue cette souffrance, déjà sans doute elle vieillissait.
Mais cela lui importait peu. Il y avait beau temps
qu'elle ne se pensait plus, qu'elle ne se voyait plus,
qu'elle ne se définissait plus à ses propres yeux, et que
seul le présent courait avec elle dans ce vent d'aube.

II

Le bruit de la voiture dans la cour réveilla Charles. Il entendit Lucile (chantonner) en fermant la porte du garage et se demanda avec stupeur quelle heure il (pouvait être.) Sa montre indiquait huit heures. Il pensa un instant que Lucile devait être malade, mais, en bas, le (son) de sa voix gaie le rassura. Il eut une seconde la tentation d'ouvrir la fenêtre, de l'arrêter, mais se retint. Cette euphorie, il la connaissait bien chez elle : c'était l'euphorie de la solitude. Il ferma les yeux un instant, c'était le premier (geste) réprimé des mille gestes qu'il réprimerait ce jour-là pour ne pas (gêner) Lucile, pour ne pas encombrer Lucile. S'il avait eu quinze ans de moins, il aurait sans doute pu ouvrir la fenêtre, crier : « Lucile, monte, je suis réveillé », d'un ton autoritaire et désinvolte. Et elle serait montée prendre une tasse de thé avec lui. Elle se serait assise sur son lit et il l'aurait fait rire aux éclats à force de drôlerie. Il haussa les épaules. Même quinze ans plus tôt il ne l'aurait pas fait rire. Il n'avait jamais été (drôle.) Il n'avait découvert (l'insouciance) qu'un an plus tôt, grâce à elle, et c'était apparemment l'une des plus longues études et l'une des plus difficiles, si l'on n'est pas doué au départ.

Il se redressa, regarda le cendrier près de lui avec
étonnement. Une cigarette écrasée y trônait et il se demanda s'il avait pu, la veille, oublier de le vider dans
la cheminée avant de s'endormir. C'était impossible.
Lucile avait dû venir et fumer dans sa chambre. D'ailleurs, un léger creux sur son lit indiquait qu'elle s'y était
assise. Lui-même ne dérangeait jamais rien en dormant. Les femmes de chambre qui avaient veillé sur sa
vie de célibataire l'en avaient assez souvent félicité.
C'était une des choses pour lesquelles on l'avait toujours complimenté : son calme, éveillé ou pas; son
flegme; sa bonne éducation. Il y avait des gens que l'on
félicitait pour leur charme mais ça ne lui était jamais
arrivé, tout au moins d'une manière parfaitement désin-
téressée. C'était dommage : il se serait senti comme
muni d'un plumage étincelant, doux, merveilleux. Certains mots le faisaient cruellement et tranquillement
souffrir comme un souvenir irrattrapable : les mots
« charme, aisance, désinvolture » et Dieu sait pourquoi,
le mot « balcon ».

Il avait parlé une fois à Lucile de cette nostalgie. Pas
des premiers mots, bien sûr, mais du dernier. « Balcon ?
avait dit Lucile, étonnée. Pourquoi balcon ? » Elle avait
répété : « balcon, balcon », puis lui avait demandé s'il
voyait ce terme au pluriel. Il avait dit que oui. Elle lui
avait demandé s'il y avait des balcons dans son enfance
et il avait dit que non. Elle l'avait regardé intriguée et
comme chaque fois qu'elle le regardait autrement qu'avec
gentillesse, un espoir fou s'était levé en lui. Mais elle
avait marmonné quelque chose sur les balcons du ciel

de Baudelaire et ils en étaient restés là. Nulle part,
comme d'habitude. Et pourtant, il l'aimait, il ne pouvait lui laisser savoir à quel point il l'aimait. Non
qu'elle en eût abusé d'aucune manière mais cela l'aurait troublée, désolée. C'était déjà inespéré qu'elle ne
le quitte pas. Il ne lui offrait que la sécurité et il savait que c'était le dernier de ses soucis. Peut-être.

Il sonna. Puis ramassa *Le Monde* par terre et essaya
de le lire. En vain. Lucile devait conduire trop vite
comme d'habitude le cabriolet pourtant très sûr qu'il
lui avait offert pour Noël. Il avait téléphoné à un de ses
amis de l'*Auto-Journal,* afin de savoir quelle était la meilleure voiture de sport, celle qui tenait le mieux la
route, la plus sûre, etc. Il avait dit à Lucile que c'était
la plus facile à avoir, il avait fait semblant de l'avoir
commandée par hasard, la veille, avec « désinvolture ».
Elle avait été ravie. Mais si on lui téléphonait à présent pour lui dire qu'un cabriolet bleu sombre avait été
retrouvé sur une route, renversé sur le corps d'une jeune
femme dont les papiers... Il se leva. Il devenait idiot.

Pauline entra, le plateau du petit déjeuner dans les
mains. Il sourit.

« Quel temps fait-il ?

— Un peu gris. Mais ça sent le printemps », dit Pauline.

Elle avait soixante ans et s'occupait de lui depuis dix
ans. Les réflexions poétiques n'étaient pas dans ses habi-
tudes.

« Le printemps ? répéta-t-il machinalement.

— Oui, c'est ce que m'a dit Mlle Lucile. Elle est
descendue à la cuisine avant moi, elle a pris une orange

et elle m'a dit qu'elle devait filer, que ça sentait le printemps. »

Elle souriait. Charles avait eu très peur qu'elle ne haïsse Lucile les premiers temps mais après deux mois d'expectative, l'attitude morale de Pauline s'était bien définie : « Lucile avait dix ans d'âge mental et Monsieur, qui n'en avait pas plus, n'était pas en mesure de la protéger efficacement contre les choses de la vie. Il relevait de ses attributions à elle, Pauline, de le faire. » Elle commandait donc avec une énergie admirable à Lucile de se reposer, de manger, de ne pas boire et Lucile, apparemment enchantée, lui obéissait. C'était un des légers mystères de sa maison qui troublaient les raisonnements de Charles et le ravissaient à la fois.

« Elle a juste pris une orange ? demanda-t-il.

— Oui. Et elle m'a dit de vous dire de bien respirer en sortant, puisque ça sentait le printemps. »

La voix de Pauline était plate. Se rendait-elle compte qu'il lui mendiait le message de Lucile ? Elle détournait les yeux parfois devant lui. Et il sentait alors que ce n'était pas Lucile qu'elle lui reprochait ainsi mais la forme de sa passion pour elle. La forme affamée, douloureuse, qu'il ne laissait deviner sans doute qu'à elle et que, dans son bon sens, dans son acceptation maternelle et un peu condescendante de la personnalité de Lucile, elle ne pouvait s'expliquer. Elle eût pu, sans doute, le plaindre s'il avait été épris, non pas de ce qu'elle appelait « une gentille personne », mais d'une « méchante femme ». Elle ne se rendait pas compte que c'était peut-être pire.

III

L'APPARTEMENT de Claire Santré avait été somptueux,
du temps de ce pauvre Santré. Il l'était un peu moins
à présent et cela se voyait à d'infimes détails dans le
mobilier plus clairsemé, les rideaux bleus vingt fois
reteints et les airs hagards des maîtres d'hôtel à la journée, qui cherchaient parfois, une minute de trop, laquelle parmi les cinq portes du grand salon donnait
sur l'office. Néanmoins, c'était un des appartements les
plus agréables de l'avenue Montaigne et les soirées
de Claire Santré étaient très recherchées. C'est une
femme longue, sèche, vigoureuse, une de ces femmes blon-
des qui pourraient aussi bien être brunes. Elle avait un
peu plus de cinquante ans, ne les paraissait pas et elle
parlait gaiement de l'amour en femme que ça n'intéresse plus mais qui en garde de bons souvenirs. En conséquence, les femmes l'aimaient bien et les hommes lui
faisaient une cour égrillarde avec de grands rires. Elle
faisait partie de cette vaillante petite cohorte de femmes quinquagénaires qui, à Paris, se débrouillent, et
pour vivre et pour rester à la mode — parfois même
pour la faire. Claire Santré avait toujours, dans ses dî-

ners mondains, un ou deux Américains, un ou deux
Vénézuéliens dont elle prévenait à l'avance qu'ils
n'étaient pas drôles mais qu'elle était en affaires avec
eux. Ils dînaient chez elle près d'une femme à la mode,
suivaient difficilement une conversation faite d'énig-
mes, d'ellipses et de plaisanteries incompréhensibles
dont on pouvait espérer qu'ils feraient, au retour, un
joyeux récit à Caracas. Moyennant quoi, Claire avait
l'exclusivité des tissus vénézuéliens en France ou le
contraire et ses réceptions ne manquaient pas de whisky.
Au demeurant, c'était une habile personne et elle ne
disait du mal de quelqu'un que lorsque c'était indispensable pour n'avoir pas l'air stupide.

Charles Blassans-Lignières avait été, durant dix ans,
un des piliers des dîners de Claire. Il lui avait prêté
beaucoup d'argent et ne lui en parlait jamais. Il était
riche, il était bel homme, il parlait peu mais à propos,
et, de temps en temps, il se résignait à prendre pour
maîtresse une des protégées de Claire. Cela durait un
an, parfois deux. Il les emmenait en Italie en août et
il les envoyait se distraire à Saint-Tropez quand elles
se plaignaient de la chaleur de l'été, ou à Megève
quand elles se plaignaient de la fatigue, l'hiver. Cela
finissait par un très beau cadeau qui sonnait le glas
de leur liaison, généralement sans qu'on sût pourquoi et, six mois plus tard, Claire recommençait à
« s'occuper de lui ». Or, depuis deux ans, cet homme
tranquille, cet homme pratique lui avait échappé.
Il s'était amouraché de Lucile, et Lucile était insaisissable. Elle était gaie, polie, souvent drôle mais elle
se refusait obstinément à parler d'elle, de Charles

ou de ses projets. Elle travaillait dans un journal modeste avant de rencontrer Charles, un de ces journaux qui se disent de gauche afin de mal payer leurs collaborateurs et dont l'audace s'arrête là. Elle n'y travaillait presque plus et, en fait, on ne savait absolument pas ce qu'elle faisait dans la journée. Si elle avait un amant, il ne faisait pas partie de l'entourage de Claire, bien que celle-ci lui eût délégué plusieurs de ses mousquetaires. Sans succès. A bout d'imagination, Claire lui avait proposé une de ces petites affaires balzaciennes comme en pratiquent couramment les femmes à Paris et qui aurait laissé Lucile nantie d'un vison et d'un chèque de Charles équivalent au prix du vison.

« Je n'ai pas besoin d'argent, avait dit Lucile. Et je déteste ce genre d'affaires. »

Sa voix était sèche. Elle ne regardait plus Claire. Cette dernière, après un instant de panique, eut un de ces coups de génie qui justifiaient sa carrière. Elle avait pris les mains de Lucile.

« Merci, mon petit. Comprenez-moi, j'aime Charles comme mon frère et je ne vous connais pas. Excusez-moi. Si vous aviez accepté, j'aurais eu peur pour lui, c'est tout. »

Lucile avait éclaté de rire et Claire, qui espérait vaguement une scène d'attendrissement, était restée inquiète jusqu'au premier dîner où elle revit Charles exactement semblable à lui-même. Lucile savait se taire. Ou, peut-être, oublier.

De toute façon, ce printemps s'annonçait néfaste. Claire marmonnait en vérifiant l'ordonnance de sa table. Johnny, arrivé le premier, suivant une vieille convention,

la suivait pas à pas. Il avait été pédéraste jusqu'à quarante-cinq ans, mais, à présent, il n'avait plus la force
après une journée de travail et un dîner en ville, de
retrouver un beau jeune homme à minuit. Il se conten-
tait de les suivre d'un œil mélancolique dans les salons.
La mondanité tue tout, même les vices. Il faut, pour
les âmes pieuses, mettre ça à sa décharge. Johnny était
donc devenu le chevalier servant de Claire. Et il
l'accompagnait aux premières, aux dîners, et recevait
confusément chez elle mais avec un tact admirable. Au
demeurant, il s'appelait Jean, mais tout le monde trou-
vant Johnny plus gai, il s'était incliné et, en vingt ans,
avait même contracté un léger accent anglo-saxon.

« A qui pensez-vous, mon chou ? Vous avez l'air bien
nerveuse.

— Je pensais à Charles. Je pensais à Diane. Vous
savez qu'elle amène son bel amour ce soir. Je ne l'ai vu
qu'une fois, mais je ne compte pas trop sur lui pour
égayer le dîner. Comment peut-on avoir trente ans, ce
physique et être aussi lugubre ?

— Diane a tort de donner dans les intellectuels. Ça
ne lui a jamais réussi.

— Il y a des intellectuels amusants, dit Claire avec
mansuétude. Mais Antoine n'est pas un intellectuel :
il se borne à diriger une collection chez Renouard.
Et combien gagne-t-on dans l'édition : rien. Vous le
savez comme moi. La fortune de Diane, Dieu merci,
est suffisante pour...

— Je ne crois pas qu'il s'y intéresse tellement, dit
faiblement Johnny qui trouvait Antoine fort beau.

— Il y viendra, dit Claire, avec cette intonation très

lasse que donne l'expérience. Diane a quarante ans et
des millions, il en a trente et deux cent mille francs par
mois. Cette équation n'est pas faite pour durer. »

Johnny se mit à rire et s'arrêta aussitôt. Il avait utilisé une crème antirides que lui avait conseillé Pierre-
André et il n'avait pas eu le temps de la laisser sécher
complètement. Il devait garder l'air marmoréen jusqu'à huit heures et demie. Au fait, il était huit heures et
demie. Il recommença donc de rire et Claire lui jeta un
œil étonné. Johnny était un ange mais les quelques balles
qu'il avait reçues, quand il faisait le héros dans la
R.A.F., en 42, avaient dû démolir quelque chose dans
son cerveau. Un... comment disait-on, un lobe, oui, un
lobe avait dû être atteint. Elle le regarda avec amusement. Quand on pensait que ces longues mains blanches,
qui arrangeaient à présent avec trop de douceur les
fleurs sur la table, avaient saisi une mitrailleuse, un
manche à balai, ramené des avions en flammes au milieu
de la nuit... Les êtres humains étaient vraiment inatten-
dus. On ne savait jamais « tout » sur eux. C'était d'ailleurs pour cela qu'elle ne s'ennuyait jamais. Elle poussa
un long soupir de satisfaction, vite arrêté par le gros-
grain de sa robe. Cardin exagérait, il la voyait comme
une sylphide.

Lucile essaya de déguiser un bâillement, il suffisait
d'aspirer l'air par le côté et de le souffler doucement
par-devant, entre les dents. Cela donnait un peu l'ap-
parence d'un lapin mais on n'avait pas les yeux pleins
de larmes après. Ce dîner n'en finissait pas. Elle était

entre le pauvre Johnny qui se tapotait les joues depuis
le début du repas, l'air inquiet, et un beau jeune homme
taciturne qu'on lui avait dit être le nouvel amant de
Diane Merbel. Ce silence, d'ailleurs, ne la dérangeait
pas. Elle n'avait pas la moindre envie de plaire, ce soir.
Elle s'était levée trop tôt. Elle essaya de se rappeler
l'odeur de ce maudit vent et ferma les yeux une seconde. Quand elle les rouvrit, elle rencontra le regard
de Diane, un regard très dur dont elle s'étonna. Etait-
elle si amoureuse du jeune homme, ou jalouse ? Elle le
regarda : il avait des cheveux si blonds qu'ils en étaient
cendrés et un menton volontaire. Il pétrissait une boule
de pain. Il y en avait toute une série autour de son as-
siette. La conversation roulait sur le théâtre. Avec pro-
fit, car Claire adorait une pièce que Diane abhorrait.
Lucile fit un effort et se tourna vers le jeune homme :
    « Vous avez vu cette pièce ?
    — Non. Je ne vais jamais au théâtre. Et vous ?
    — Rarement. La dernière fois, j'avais vu cette comé-
die anglaise, charmante, à l'Atelier, avec cette actrice
qui s'est tuée depuis en voiture, comment s'appelait-
elle ?
    — Sarah », dit-il très bas, et il allongea ses deux
mains sur la nappe.
    Lucile resta pétrifiée une seconde devant son expres-
sion. Elle pensa très vite : « Dieu qu'il est malheureux ! »
    « Pardonnez-moi », dit-elle.
    Il se retourna vers elle et demanda « quoi ? » d'une
voix morne. Il ne la voyait plus. Elle le sentait respirer
à côté d'elle, d'un souffle inégal, du souffle de quelqu'un
qui a reçu un coup et la pensée que c'était elle qui le

ui avait donné, même si involontairement, lui était
nsupportable. Elle n'éprouvait aucun plaisir à prati-
quer l'insolence, encore moins la cruauté.

« A quoi rêvez-vous, Antoine ? »

La voix de Diane avait une note bizarre, un accent
un peu trop léger et il se fit un silence. Antoine ne
répondit pas : il semblait aveugle et sourd.

« Mais, décidément, il rêve, dit Claire en riant. An-
oine, Antoine... »

Rien. Il y avait à présent un silence parfait. Les
convives, la fourchette immobile, regardaient ce jeune
homme pâle qui fixait lui-même une carafe sans grand
ntérêt au milieu de la table. Lucile posa brusquement
sa main sur sa manche et il se réveilla.

« Vous disiez ?

— Je disais que vous rêviez, dit Diane d'une voix
sèche et nous nous demandions à quoi ? Est-ce indiscret ?

— C'est toujours indiscret », dit Charles.

Il regardait Antoine avec attention à présent, comme
chacun. Arrivé comme le dernier amant, peut-être le
gigolo de Diane, il était brusquement devenu un jeune
homme qui rêvait. Et un vent d'envie, de nostalgie passa
sur la table.

Un vent de rancune aussi dans le cerveau de Claire.
Après tout, c'était là un dîner de privilégiés, de gens
connus, brillants et drôles, au courant de tout. Ce garçon
aurait dû écouter, rire, approuver. S'il rêvait d'un dîner
avec une petite au Quartier latin dans un snack-bar,
il n'avait qu'à abandonner Diane qui était une des femmes les plus lancées, les plus charmantes de Paris. Et

qui portait mieux que bien ses quarante-cinq ans. Sau
ce soir; elle était pâle et aux aguets. Si elle ne l'avai
pas si bien connue, Claire aurait pu penser qu'elle étai
malheureuse. Elle enchaîna :

« Je parie que vous rêviez d'une Ferrari ? Carlos
acheté la dernière, il me l'a fait essayer l'autre jour, j'a
cru ma dernière heure venue. Et Dieu sait pourtant qu'i
conduit bien », ajouta-t-elle avec une nuance d'étonne
ment, car Carlos étant héritier d'un trône quelconque
Claire trouvait admirable qu'il sût faire autre chos
qu'attendre, assis dans le hall du Crillon, le retour d
la monarchie.

Antoine se tourna vers Lucile et lui sourit. Il avai
des yeux marron clair, presque jaunes, un nez fort, un
longue et belle bouche, quelque chose de très viril qu
contrastait avec la pâleur, la finesse adolescente de se
cheveux.

« Je vous demande pardon, dit-il à mi-voix, vou
devez me trouver bien grossier. »

Il la regardait bien en face, son regard ne glissait pa
indolemment sur la nappe ou sur ses épaules selon l
coutume et il semblait l'exclure complètement du rest
de la table.

« En trois phrases, nous nous sommes déjà demandé
deux fois pardon l'un l'autre, dit Lucile.

— Nous commençons par la fin, dit-il gaiement. Les
couples finissent toujours par se demander pardon, tout
au moins l'un des deux. « Je te demande pardon, je ne
« t'aime plus. »

— C'est encore assez élégant. Ce qui me navre, per
sonnellement, c'est le style honnête : « Je te demande

« pardon, je croyais t'aimer, je me trompais. Il est de
« mon devoir de te le dire. »

— Cela n'a pas dû vous arriver souvent, dit Antoine.

— Merci mille fois.

— Je veux dire, vous n'avez pas dû laisser le temps
à beaucoup d'hommes de vous le dire. Vos bagages
devaient déjà être dans le taxi.

— Surtout que mes bagages consistent en deux chandails et une brosse à dents », dit Lucile en riant.

Il prit un temps :

« Tiens, je vous croyais la maîtresse de Blassans-
Lignières. »

« C'est dommage, pensa-t-elle très vite, je le croyais
intelligent. » Il n'y avait pour elle aucune possibilité de
coexistence entre la méchanceté gratuite et l'intelligence.

« C'est vrai, dit-elle, vous avez raison. Si je partais
maintenant, ce serait dans ma voiture, avec plein de
robes. Charles est très généreux. »

Elle avait parlé d'une voix tranquille. Antoine baissa
les yeux.

« Excusez-moi. Je déteste ce dîner et ce milieu.

— N'y venez plus. A votre âge d'ailleurs, c'est dangereux.

— Vous savez, mon petit, dit Antoine, l'air subitement vexé, je suis très sûrement votre aîné. »

Elle éclata de rire. Les deux regards de Diane et de
Charles se posèrent sur eux. On les avait placés côte à
côte, à l'autre bout de la table, en face de leurs « proté-
gés ». Les parents d'un côté, les enfants de l'autre. De
vieux enfants de trente ans qui refusaient de faire les

grandes personnes. Lucile s'arrêta de rire : elle ne fai
sait rien de sa vie, elle n'aimait personne. Quelle déri
sion. Si elle n'avait pas été si heureuse d'exister, elle s
serait tuée.

Antoine riait. Diane souffrait. Elle l'avait vu éclate
de rire, avec une autre. Antoine ne riait jamais ave
elle. Elle aurait encore préféré qu'il embrassât Lucile
C'était affreux, ce rire, et cet air jeune qu'il prenai
tout à coup. De quoi riaient-ils ? Elle jeta un cou
d'œil à Charles, mais il avait l'air attendri. Charle
était devenu idiot d'ailleurs depuis deux ans. Cett
petite Lucile avait du charme, elle se tenait bien mais c
n'était pas une beauté, ni une lumière. Antoine non plu
d'ailleurs. Elle avait eu des hommes autrement beau
qu'Antoine et fous d'elle. Oui, fous. Seulement voi
là, c'était Antoine qu'elle aimait. Elle l'aimait, ell
voulait qu'il l'aime, elle le tiendrait un jour à sa mer
ci. Il oublierait cette petite actrice défunte, il ne ver
rait plus qu'elle, Diane. Sarah... Combien de fois n'avait
elle entendu ce nom : Sarah. Il lui en avait parl
d'abord, jusqu'au jour où, excédée, elle lui avait di
que Sarah le trompait, que tout le monde le savait. I
avait dit : « Moi aussi, je le savais », d'une voix neutre
et ils n'avaient jamais plus prononcé ce nom. Mais
il le murmurait la nuit en dormant. Bientôt... bientôt,
quand il se retournerait dans son sommeil et qu'il éten-
drait son bras en travers de son corps dans le noir, ce
serait son nom à elle qu'il dirait. Elle se sentit tout
à coup les yeux pleins de larmes. Elle se mit à tousser et Charles lui tapota gentiment le dos. Ce dîner n'en
finissait pas. Claire Santré avait un peu trop bu, cela lui

rrivait de plus en plus souvent. Elle discutait peinture
vec une conviction nettement au-dessus de ses connais-
ances, et Johnny, dont c'était la passion, semblait au
upplice.

« Eh bien moi, achevait Claire, quand ce garçon est
rrivé chez moi avec cette chose sous le bras, quand j'ai
nis cette toile à la lumière, pensant que je devenais
nyope, savez-vous ce que je lui ai dit ? »

L'assemblée esquissa une dénégation lassée.

« Je lui ai dit : « Monsieur, je croyais avoir des yeux
< pour voir et bien, je me trompais; je ne vois rien sur
< cette toile, Monsieur, rien. »

Et d'un geste éloquent, destiné sans doute à illustrer
le vide de la toile, elle renversa son verre de vin sur la
nappe. Chacun en profita pour se lever, Lucile et Antoine, la tête baissée, car ils avaient le fou rire.

IV

On ne parlera jamais assez des vertus, des dangers, de la puissance du rire partagé. L'amour ne s'en passe pas plus que l'amitié, le désir ou le désespoir. Entre Antoine et Lucile, c'était le rire subit des écoliers. Tous deux convoités, déshabillés, aimés par des gens graves, sachant qu'ils seraient punis d'une manière ou d'une autre, ils s'abandonnaient au fou rire dans un coin du salon. Le protocole parisien, s'il sépare les amants dans un dîner, demande néanmoins une petite trêve ensuite, où chacun va retrouver d'un air distrait son compagnon de lit et échange avec lui quelques commentaires, quelques mots d'amour ou quelques reproches. Diane attendait qu'Antoine vienne la rejoindre et Charles avait esquissé un pas vers Lucile. Mais celle-ci regardait obstinément par la fenêtre, les yeux pleins de larmes et, dès que son regard rencontrait celui d'Antoine, debout près d'elle, elle se détournait précipitamment, tandis qu'il s'enfouissait dans son mouchoir. Claire essaya un moment de les ignorer, mais il était évident que l'envie et une légère rancune gagnaient le salon. Elle dépêcha Johnny d'un signe de tête qui signifiait « dites à ces enfants de bien

se tenir ou ils ne seront plus invités », signe de tête hélas
surpris par Antoine qui dut s'appuyer au mur. Johnny
prit l'air gai :

« Par pitié, mettez-moi au courant, Lucile, je meurs
de curiosité.

— Rien, dit Lucile, rien, il n'y a rien, c'est bien ça,
l'affreux.

— Affreux », renchérit Antoine. Il était parfaitement
décoiffé, rajeuni, éclatant, et Johnny eut un instant de
désir violent.

Mais Diane arrivait. Elle était en colère et la colère
lui allait bien. Son fameux port de tête, ses célèbres yeux
verts, sa minceur extrême en faisaient un excellent
cheval de bataille.

« Qu'avez-vous pu trouver à vous dire de si drôle ?
dit-elle d'un ton parfait où perçaient le doute et l'indulgence, mais surtout le doute.

— Oh ! nous, rien », dit Antoine innocemment. Et
ce « nous » qu'elle n'avait jamais obtenu de lui pour
aucun projet, pour aucun souvenir, acheva la colère de
Diane.

« Alors, cessez de vous conduire comme des gens
grossiers, dit-elle. Si vous n'êtes pas drôles, soyez polis. »

Il y eut une seconde de silence. Lucile trouvait normal que Diane rabrouât son amant mais ce pluriel lui
sembla un peu excessif.

« Vous perdez la tête, dit-elle. Vous n'avez pas à
m'interdire de rire.

— A moi non plus, dit Antoine posément.

— Vous m'excuserez, je suis fatiguée, dit Diane.
Bonsoir. Pouvez-vous m'accompagner, Charles, dit-elle

au malheureux qui s'était approché. J'ai très mal à la tête. »

Charles s'inclina et Lucile lui sourit :

« Je vous rejoins à la maison. »

Après leur départ, il s'éleva un de ces joyeux brouhahas qui suivent les éclats, dans les soirées, chacun parlant d'autre chose pendant trois minutes avant de se consacrer aux commentaires, et Lucile et Antoine restèrent seuls. Elle le regarda pensivement et s'appuya au balcon. Il fumait, l'air tranquille.

« Je suis désolée, dit-elle. Je n'aurais pas dû m'éner ver.

— Venez, dit-il. Je vais vous raccompagner avant que cela ne devienne dramatique. »

Claire leur serra la main d'un air entendu. Ils avaient raison de rentrer à la maison mais elle savait bien ce que c'était que d'être jeune. Ils faisaient un charmant couple ensemble. Elle pourrait les aider... mais non, il y avait Charles Blassans-Lignières; où avait-elle la tête ce soir ?

Paris était noir, luisant, séduisant et ils décidèrent de rentrer à pied. Le soulagement qu'ils avaient tout d'abord ressenti en voyant se refermer la porte sur le visage faussement complice de Claire se transformait en une subite envie de se quitter, ou de se connaître, en tout cas de mettre quelque violence, en point final, à cette soirée décousue. Lucile n'avait aucune envie de jouer, ne fût-ce qu'une seconde, le rôle que lui proposaient les regards des invités quand elle leur avait dit au revoir : celui de la jeune femme qui abandonne son vieux protecteur pour un beau jeune homme. Il n'en

était pas question. Elle avait dit un jour à Charles :
« Je vous rendrai peut-être malheureux, mais jamais
ridicule. » Et effectivement, les quelques fois où elle
l'avait trompé, il n'en avait rien pu soupçonner. Cette
soirée était ridicule. Que faisait-elle dans la rue auprès
de cet étranger ? Elle se tourna vers lui et il lui sourit :
    « N'ayez pas l'air si lugubre. Nous allons prendre un
verre en route, vous voulez ? »
    Mais ils en prirent d'autres. Ils entrèrent dans cinq
bars, en évitèrent deux parce que, visiblement, il était
insupportable à Antoine d'y aller avec quelqu'un d'autre
que Sarah et ils parlaient. Ils traversaient et retraver-
saient la Seine en parlant, remontaient la rue de Rivoli
jusqu'à la Concorde, entraient au *Harry's Bar,* repar-
taient. Le vent du matin s'était levé à nouveau. Lucile
chancelait de sommeil, de whiskies et d'attention.
    « Elle me trompait, disait Antoine, voyez-vous, elle
croyait la pauvre, que cela se faisait, de coucher avec
des producteurs ou des journalistes, elle me mentait sans
cesse et je la méprisais, je faisais le fier, l'ironique, je la
jugeais. De quel droit, mon Dieu, elle m'aimait, sans
doute, oui, elle m'aimait, qu'avait-elle à tirer de moi...
    « Ce soir-là, la veille de sa mort, elle me suppliait
presque de l'empêcher de partir pour Deauville. Mais je
lui ai dit : « Vas-y, vas-y, puisque ça t'amuse. » Quel
idiot, quel idiot prétentieux. »
    Ils passaient un pont. Il l'interrogeait.
    « Je n'ai jamais rien compris à rien, disait Lucile. La
vie m'a paru logique jusqu'à ce que j'ai quitté mes
parents. Je voulais faire une licence à Paris. Je rêvais.
Depuis, je cherche des parents partout, chez mes amants,

chez mes amis, je supporte de n'avoir rien à moi, ni le
moindre projet ni le moindre souci. Je suis bien dans
la vie, c'est affreux, je ne sais pas pourquoi, quelque
chose en moi s'accorde avec la vie dès que je m'éveille.
Je ne pourrais jamais changer. Qu'est-ce que je peux
faire ? Travailler ? Je n'ai pas de dons. Il faudrait que
j'aime, peut-être, comme vous. Antoine, Antoine, que
faites-vous avec Diane ?

— Elle m'aime, disait Antoine. Et j'aime les femmes minces et grandes comme elle. Sarah était petite
et grosse et cela me faisait pleurer d'attendrissement.
Vous comprenez, vous ? En plus, elle m'ennuyait. »

La fatigue lui allait bien. Ils remontaient la rue du
Bac et, d'un commun accord, ils rentrèrent dans un bar-
tabac livide. Ils se regardaient en face, sans sourire et
sans sévérité. Le juke-box jouait une vieille valse de
Strauss dont un ivrogne esquissait les pas, dangereuse-
ment, au bout du comptoir. « Il est tard, il est très
tard, gémissait une petite voix chez Lucile. Charles doit
être fou d'inquiétude. Ce garçon ne te plaît même pas,
rentre. »

Et, subitement, elle se retrouva la joue contre le ves-
ton d'Antoine. Il la tenait d'un bras contre lui, la tête
sur ses cheveux, il ne disait rien. Elle sentait une étrange
tranquillité tomber sur eux. Le patron, l'ivrogne, la
musique, les lumières avaient toujours existé; ou, peut-
être, n'avait-elle jamais existé elle-même. Elle ne savait plus rien. Il la posa devant sa porte en taxi et ils
se dirent au revoir d'une voix polie, sans se donner
la moindre adresse.

V

MAIS on eut vite fait de les remettre en présence. Diane avait fait un éclat et il n'y avait pas une femme, assistant à ce dîner, qui aurait désormais imaginé d'inviter Diane sans inviter Charles ou, plus exactement, Antoine sans Lucile. Diane avait changé de camp : elle était passée du camp des bourreaux, où elle avait fort bien tenu son rang, vingt ans durant, au camp des victimes. Elle était jalouse, elle l'avait montré, elle était perdue. De douces rumeurs d'hallali couraient dans le printemps parisien. Par un de ces curieux renversements si particuliers à ce milieu, tout ce qui faisait auparavant son prestige, sa force, devenait sa perte : sa beauté « qui n'était plus celle de sa jeunesse », ses bijoux qui ne « suffisaient » pas (alors que le moindre d'entre eux eût largement suffi une semaine plus tôt à n'importe laquelle de ses amies), jusqu'à sa Rolls « qui, du moins, lui resterait » Pauvre Diane : l'envie s'était retournée comme un gant; elle allait s'user le visage avec ses fards, se meurtrir le cœur sur ses diamants, promener un pékinois dans sa voiture. Enfin, enfin on pouvait la plaindre.

Elle savait tout cela. Elle connaissait très bien sa

ville et elle avait eu la chance, à trente ans, d'épouser
un écrivain intelligent qui lui avait fait remarquer quelques petits rouages de ces machines avant de prendre
la fuite, proprement épouvanté. Diane avait un certain
courage, qu'elle devait également à une ascendance
irlandaise, une nurse sadique dans son jeune âge, et
une fortune personnelle assez considérable pour qu'elle
n'ait jamais eu besoin de se plier à qui que ce soit.
L'adversité courbe le dos, quoi qu'on dise, spécialement
celui des femmes. Et Diane, qui avait à peu près échappé
aux passions, qui n'avait jamais regardé un homme que
dans la mesure où lui, la regardait, se voyait avec horreur épier le dos d'Antoine. Et déjà, elle pensait à
d'autres moyens que la passion pour le retenir.

Que voulait-il ? Il n'aimait pas l'argent. Il gagnait
une somme ridicule chez son éditeur et refusait tout
bonnement de sortir quand il ne pouvait l'inviter. Cela
la condamnait à dîner souvent chez elle en tête-à-tête
avec lui, programme qui lui eût paru impensable six
mois plus tôt. Il y avait heureusement, toutes ces premières, tous ces soupers, tous ces dîners, toutes ces ré-
jouissances gratuites que l'on offre à Paris aux gens qui
en ont les moyens. Antoine disait parfois, l'air vague,
qu'il n'aimait que les livres et qu'il réussirait un jour
dans l'édition. Et, en effet, dans les dîners, il ne s'animait
que s'il trouvait quelqu'un susceptible de lui parler un
peu gravement de littérature. Comme un amant écrivain se portait beaucoup cette année-là, Diane, un peu
ranimée, lui avait parlé du Goncourt, mais il prétendait
ne pas savoir écrire et, chose plus grave, que le contraire
était indispensable pour commettre un livre. Elle avait

pourtant insisté : « Je suis sûre que si tu voulais... ».
« Pense au petit X... » — « Ah non, ah non », avait crié
Antoine et il ne criait jamais. Non, il finirait lecteur
chez Renouard, avec deux cent mille francs par mois et
pleurerait toujours sur Sarah dans cinquante ans. En
attendant, elle l'aimait.

Elle avait passé une nuit blanche après le dîner :
Antoine était rentré à l'aube, sûrement ivre, et chez lui.
Elle lui avait téléphoné toutes les heures, prête à rac-
crocher si elle entendait sa voix, elle voulait simplement savoir où il était. A six heures et demie, il avait
décroché, murmuré simplement « j'ai sommeil » d'une
voix enfantine, sans même demander qui était à l'appareil. Il avait dû traîner dans ces bars de Saint-Germain,
et peut-être avec Lucile. Mais elle ne devait pas lui
parler de Lucile, il ne fallait jamais nommer ce dont
on avait peur. Le lendemain, elle téléphona à Claire
pour s'excuser de son départ précipité : elle avait eu si
mal à la tête toute la soirée.

« Vous aviez, en effet, très mauvaise mine, dit Claire
affable et compréhensive.

— Je ne rajeunis pas, dit Diane, froidement. Et ces
jeunes gens sont bien fatigants. »

Claire eut un rire complice. Elle adorait les allusions
ou, plus exactement, les précisions grivoises et personne
ne pouvait être plus précis et technique sur les qualités
viriles de son amant qu'une mondaine parlant à une
autre mondaine. Comme si l'utilisation constante d'ad-
jectifs passionnels pour leurs couturiers ne leur lais-

sait que des termes de poids et mesure pour leurs
amants. Il y eut donc deux ou trois commentaires sur
Antoine, plutôt flatteurs. Claire s'énervait un peu, Diane
ne parlait de rien. Elle prit les devants :

« Cette petite Lucile est un peu agaçante avec ses fous
rires de pensionnaire. Elle a près de trente ans, non ?

— Elle a de jolis yeux gris, dit Diane. Et si ça amuse
ce brave Charles.

— Deux ans avec elle, ce doit être quand même bien
long, soupira Claire.

— Avec lui aussi, mon chou, ne l'oubliez pas », et, sur
cette bonne parole, elles éclatèrent de rire et raccro-
chèrent enchantées. Diane croyait avoir atténué l'incident. Et Claire pouvait dire que la capricieuse Diane,
qui n'en faisait jamais qu'à sa tête, lui avait téléphoné
à midi pour s'excuser. Diane avait oublié ce principe
fondamental qu'à Paris, il ne faut jamais s'excuser de
rien et qu'on ne peut faire n'importe quoi que si on le
fait gaiement.

Johnny donc, sur les instructions de Claire, fit inviter
Charles Blassans-Lignières à une première de théâtre
où devait également se rendre Diane. Il était convenu
qu'on irait ensuite, « seulement les amis », dîner quelque
part. En dehors de l'amusement qu'elle prendrait à la
réunion, Lucile-Antoine, Claire avait l'assurance que
Charles paierait automatiquement le dîner. Ce qui était
bien commode, car enfin Johnny était pratiquement
ruiné en ce moment, on ne pouvait laisser payer Diane
et elle ne se rappelait plus si elle avait pensé à inviter
un homme riche supplémentaire. Espèce qui devenait
précieuse et rare à une époque où les seules personnes

vraiment entretenues luxueusement étaient les hommes
à hommes. Au demeurant, la pièce serait sûrement très
drôle puisqu'elle était de Bijou Dubois et que Bijou
Dubois savait ce que c'était que le théâtre.

« Que voulez-vous, mon chou, disait-elle à Johnny
dans le taxi qui les menait à l'Atelier, je n'en peux plus,
moi, de votre théâtre moderne. Quand je vois des
acteurs assis dans des fauteuils ânonner des phrases sur
la vie, je meurs d'ennui. Je ne vous le cache pas, dit-
elle énergiquement, je préfère encore le boulevard.
Johnny, vous m'entendez ? »

Johnny, à qui elle faisait ce discours pour la dixième
fois de la saison, hocha la tête. Claire était charmante
mais sa vitalité l'épuisait et il eut tout à coup envie de
descendre de cette voiture, de remonter le boulevard
de Clichy grouillant de monde, de manger des frites
dans un cornet et, voire, de se faire battre par un voyou.
Les intrigues de Claire lui paraissaient trop simples
et il était toujours étonné de les voir aboutir.

Place Dancourt, les invités tournaient en rond et se
saluaient en s'assurant que c'était le plus joli théâtre
de Paris et que cette petite place était absolument
provinciale. Lucile sortit d'un café, escortée de Charles, et s'assit sur un banc pour manger un énorme sandwich. Après quelques instants de blâme, quelques affa-
més en firent autant. La voiture de Diane arriva sans
bruit et s'arrêta par hasard juste devant le banc. Antoine en sortit le premier, fit descendre Diane et se
retourna. Il vit Lucile, la bouche pleine, l'air heureux et Charles, embarrassé, qui se levait pour saluer
Diane.

« Mon Dieu, vous (pique-niquez ?) Quelle bonne idée », dit Diane.

Elle avait jeté un coup d'œil rapide et aperçu Edmée de Guilt, Doudou Wilson et Mme·Bert qui en faisaient autant sur d'autres bancs.

« Il est neuf heures, ils ne commenceront pas avant un quart d'heure. Antoine, soyez gentil, courez dans ce café, je suis affamée. »

Antoine hésita. Lucile le vit regarder le café, Diane, puis esquisser finalement un geste de fatalisme et traverser la rue. Il poussa la porte du café. Alors Lucile vit le patron se lever d'un coup, faire le tour du comptoir, serrer la main d'Antoine, l'air affligé. Le garçon vint à son tour. Elle ne voyait que le dos d'Antoine, elle avait l'impression qu'il reculait, qu'il s'affaissait lentement comme sous une grêle de coups. Elle se rappela subitement : Sarah. Le même théâtre, les répétitions, le café où Antoine devait l'attendre. Où il n'était jamais revenu.

« Mais que fait Antoine ? dit Diane. Il s'enivre tout seul ? »

Elle se retourna et vit Antoine qui essayait de passer la porte, à reculons, comme en s'excusant, sans sandwich. La patronne était arrivée aussi, elle hochait la tête, elle tenait la main d'Antoine. Il avait dû rire avec elle, autrefois, en attendant. C'était toujours très gai, pendant les répétitions, les cafés près des théâtres.

« Qu'est-ce qui lui prend ? dit Diane.

— Sarah », dit Lucile sans la regarder.

Le nom la gênait mais il ne fallait pas qu'on pose de questions à Antoine, il ne fallait pas qu'on lui parle.

Il arrivait vers elles, le visage(lisse)comme un (aveugle.)
Diane comprit d'un coup et elle se retourna si brusquement vers Lucile que celle-ci eut un mouvement
de recul. Et, en effet, Diane avait failli la frapper : ainsi
cette fille savait ça, aussi. Elle n'en avait pas le droit.
Antoine lui appartenait et le rire d'Antoine et le chagrin d'Antoine. C'était sur son épaule qu'il rêvait de
Sarah, la nuit. C'était à elle qu'il préférait le souvenir
de Sarah. Le théâtre sonnait. Elle prit le bras d'Antoine,
l'entraîna. Il se laissait faire, absent. Il dit bonjour
poliment à quelques critiques, quelques amis de Diane.
Il l'aida à s'asseoir. Les trois coups résonnèrent et,
dans le noir, elle se pencha vers lui :

    « Mon pauvre chéri », dit-elle...

    Et elle lui prit la main, qu'il lui (laissa.)

VI

A L'ENTRACTE ils formèrent deux groupes séparés. Lucile et Antoine se sourirent de loin et, pour la première fois, se plurent. Il la regardait parler, distraitement appuyée contre l'épaule massive de Charles, et la courbe de son cou, le pli un peu amusé de sa bouche l'attiraient. Il avait envie de traverser la foule et de l'embrasser. Il y avait bien longtemps qu'il n'avait eu envie, à froid, d'une femme inconnue. Elle se retourna à ce moment précis, rencontra le regard d'Antoine et s'immobilisa, reconnaissant le sens de ce regard, avant de lui adresser un petit sourire gêné. Elle n'avait jamais pensé à la beauté d'Antoine, il avait fallu qu'il la désirât pour que cette beauté lui devienne sensible. Toute sa vie, d'ailleurs, elle avait été ainsi, ne s'intéressant, par un heureux hasard ou une horreur des difficultés presque pathologique — qu'aux êtres qui s'intéressaient à elle. Maintenant, lui tournant le dos, elle revoyait la belle bouche d'Antoine, la couleur dorée de ses yeux et elle se demandait par quelle extravagance ils ne s'étaient pas embrassés l'autre soir. Charles la sentit quitter son épaule, la regarda et re-

connut aussitôt cette expression pensive, douce, presque résignée qu'arborait Lucile dès que quelqu'un lui
plaisait. Il se retourna et vit Antoine.

A la sortie, le petit groupe se reforma. Claire s'exta-
siait sur la pièce, les bijoux d'une maharani, la douceur du temps, elle était en plein délire euphorique.
On ne parvenait pas à choisir un restaurant. Finalement, ils décidèrent d'aller dîner à Marnes, tant il
était évident que le gazon et l'air du soir feraient le
bonheur de Claire. Le chauffeur de Diane attendait
mais Charles, brusquement, s'avança vers elle :

« Diane, soyez gentille, emmenez-moi avec vous.
Nous sommes venus dans le cabriolet de Lucile et je
me sens vieux, ce soir, et enrhumé. Confiez-lui Antoine. »

Diane ne cilla pas. Claire, en revanche, roula vers
eux des yeux exorbités et incompréhensifs.

« Mais, bien sûr, dit Diane. A tout à l'heure, Antoine, ne roulez pas trop vite. »

Ils montèrent tous les quatre dans la Rolls. Lucile
et Antoine restèrent sur le trottoir, légèrement ahuris.
Ni Charles ni Diane ne tournèrent la tête. Claire, en
revanche, leur adressa un clin d'œil qui les glaça et
qu'ils firent semblant tous deux de ne pas voir. Lucile
était songeuse. Il était assez dans le caractère de Charles de se faire souffrir mais comment pouvait-il soupçonner un désir dont elle n'avait eu conscience elle-
même qu'une heure auparavant ? C'était bien en-
nuyeux. Elle n'avait jamais trompé Charles qu'avec
des garçons dont elle savait qu'il ne les rencontrerait
jamais. S'il y avait une chose qu'elle détestait dans

ce monde, c'était bien les complicités de deux amants
dans le dos d'un troisième, et les rires amusés de témoins comme Claire. Elle ne voulait pas de ça. Antoine posa la main sur son épaule et elle secoua la
tête. Après tout, la vie était simple, il faisait doux et
ce garçon lui plaisait. On verrait bien. Le nombre de
fois où elle s'était dit « on verrait bien » au cours de
trente ans d'existence, devenait incalculable. Elle se
mit à rire.

« Pourquoi riez-vous ? dit Antoine.

— Je me moquais de moi. La voiture est plus haut.
Où ai-je mis les clefs ? Vous conduisez ? »

Antoine conduisait. Ils roulèrent sans un mot
d'abord, respirant l'air de la nuit dans la voiture ouverte, inquiets. Antoine roulait doucement. A l'Etoile,
seulement, il se tourna vers elle :

« Pourquoi Charles a-t-il fait ça ?

— Je ne sais pas », dit-elle.

Ils se rendirent compte aussitôt qu'ils venaient par
ces deux phrases d'admettre, d'entériner le regard furtif de l'entracte, qu'ils avaient à présent posé quelque
chose entre eux et qu'ils ne pourraient plus revenir là-
dessus. Elle aurait dû répondre : « Quoi ? ça ? » et
transformer ainsi le geste de Charles en une sage décision d'homme enrhumé. Trop tard. Elle n'avait plus
qu'une envie, c'était d'arriver rapidement au restaurant. Ou qu'Antoine se conduise vulgairement, qu'il
fasse une réflexion un peu basse et elle s'en débarrasse-
rait aussitôt. Mais Antoine ne disait rien. Ils traversaient le Bois à présent; ils longeaient la Seine, ils devaient avoir l'air de deux amoureux de la jeunesse do-

rée, dans ce cabriolet ronronnant. Elle était la fille des Filatures Dupont, lui le fils des Sucres Dubois, ils allaient se marier à Chaillot dans huit jours, avec l'accord des familles. Ils auraient deux enfants.

« Encore un pont, dit Antoine en tournant vers Marnes. Le nombre de ponts que nous avons traversés ensemble. »

C'était la première allusion à leur soirée. Lucile se rappela subitement qu'elle était restée cachée contre sa veste dans ce petit café. Elle l'avait complètement oublié. Elle se troubla :

« C'est vrai, oui. En effet... »

Elle eut un geste vague de la main et la main d'Antoine attrapa la sienne au vol, la serra doucement, la garda. Ils entraient dans le parc. « Voyons, pensait Lucile, il me tient la main pour traverser le parc, c'est le printemps, il n'y a pas de quoi s'affoler, je n'ai plus seize ans. » Mais son cœur battait lourdement et il lui semblait que son sang quittait son visage, ses mains, se réfugiait dans sa gorge, l'étouffait. Quand il arrêta la voiture, elle n'avait plus la moindre idée claire. Il la prit dans ses bras, l'embrassa furieusement et elle s'aperçut qu'il tremblait autant qu'elle. Il se redressa, la regarda et elle lui rendit son regard sans bouger le moins du monde jusqu'au moment où il revint vers elle. Il l'embrassait lentement, à présent, gravement, il embrassait ses tempes, ses joues, revenait à sa bouche et en voyant ce visage tranquille, attentif au-dessus du sien, elle savait déjà qu'elle le reverrait souvent ainsi et qu'elle ne pourrait rien faire contre lui. Elle avait oublié qu'on pouvait désirer quelqu'un à ce

point. Elle avait dû rêver. Combien de temps ? Deux
ans, trois ans ? Mais elle ne parvenait pas à se rappeler
un autre visage.

« Qu'est-ce qu'il m'arrive, disait la voix inquiète
d'Antoine dans ses cheveux, qu'est-ce qu'il m'arrive ?... »

Elle sourit, Antoine sentit la joue de Lucile se plis-
ser contre la sienne et il sourit aussi.

« Il faut rentrer, dit-elle à voix basse.

— Non, dit Antoine, non »; mais après un instant il
se détacha d'elle et la souffrance immédiate qu'ils en
éprouvèrent acheva de les instruire.

Antoine démarra très vite et Lucile se remaquilla
tout de travers. La Rolls était déjà là et ils se rendirent compte tout à coup qu'ils auraient très bien pu la
doubler dans Paris, qu'elle aurait pu arriver derrière
eux dans le parc, les surprendre dans ses phares comme
deux oiseaux de nuit. Ils n'y avaient pas pensé une seconde. Mais elle trônait là, sur la petite place, sym-
bole de la puissance, du luxe, de leurs liens et le petit
cabriolet, garé à son côté, semblait ridiculement jeune
et fragile.

Lucile se démaquillait. Elle se sentait parfaitement
épuisée et elle contemplait les petites rides naissantes
au coin de ses paupières, de sa bouche, en se deman-
dant ce qu'elles signifiaient, de qui ou de quoi elles pouvaient venir. Ce n'était pas les rides de la passion, ni
celles de l'effort. C'était sans doute les marques de la
facilité, de l'oisiveté, de la distraction et, un instant,

elle se fit horreur. Elle passa une main sur son front, elle avait de plus en plus souvent, depuis un an, ces moments de dégoût à son propre égard. Il fallait qu'elle aille voir son médecin. Ce devait être une question de tension. Elle prendrait quelques vitamines et elle pourrait continuer à perdre sa vie (ou à la rêver) en toute gaieté. Elle s'entendit prononcer avec une sorte de colère :

« Charles... ? Pourquoi m'avez-vous laissée seule avec Antoine ? »

En même temps, elle savait qu'elle cherchait l'éclat, le drame, n'importe quoi d'autre que ce dégoût tranquille. Et c'était Charles qui paierait, Charles qui souffrirait. Qu'elle n'aimât que les extrêmes était une chose, qu'elle le fasse supporter aux autres en était une autre. Mais la phrase était déjà partie et, tel un javelot, traversait la chambre à coucher, le palier et venait frapper Charles qui se déshabillait lentement dans sa propre chambre. Il pensa une seconde, tant il était fatigué, éluder la question, dire : « Mais voyons, Lucile, j'étais enrhumé. » Elle n'aurait pas insisté : ses quêtes de vérité, « ses moments russes » n'allaient jamais très loin. Mais il avait déjà trop envie de savoir, de souffrir, il avait à jamais perdu ce goût de la sécurité qui lui avait fait si habilement ignorer, vingt ans durant, les aventures de ses maîtresses. Il répondit :

« Je pensais qu'il vous plaisait. »

Il ne s'était pas retourné. Il se regardait dans la glace. Il s'étonnait de ne pas pâlir.

« Vous êtes décidé à me jeter dans les bras de tous les hommes qui me plaisent ?

— Ne m'en veuillez pas, Lucile, c'est trop mauvais signe, dans ce cas. »

Mais déjà, elle avait traversé la chambre et mettait ses bras autour de son cou en murmurant des « pardons » indistincts. Dans la glace, il ne voyait, dépassant de son épaule, que les cheveux foncés de Lucile, une longue mèche tombant sur son bras et il ressentit le même pincement au cœur, la même douleur. « C'est tout ce que j'aime, cela ne sera jamais vraiment à moi. Elle me quittera. » Et, dans cet instant, comment pouvait-on imaginer possible d'aimer une autre mèche de cheveux, un autre être. L'amour ne reposait sans doute, dans sa force, que sur cette impression d'irréparable.

« Je ne voulais pas dire cela, disait Lucile. Mais je n'aime pas...

— Vous ne m'aimez pas complaisant, dit Charles, en se retournant vers elle. Mais rassurez-vous, je ne le suis pas. Je voulais vérifier quelque chose, c'est tout.

— Qu'avez-vous vérifié ?

— Votre expression en rentrant au restaurant. Votre façon de ne pas le regarder. Je vous connais. Il vous plaît. »

Lucile se détacha de lui.

« Et alors ? dit-elle... est-il vraiment impossible que quelqu'un vous plaise sans que quelqu'un d'autre en souffre ? Est-ce que je ne serai jamais tranquille ? Mais quelles sont ces lois ? Mais qu'avez-vous fait de la liberté ? de, de... »

Elle s'embrouillait, elle bafouillait et elle avait en même temps le sentiment d'être — depuis toujours — incomprise.

« Je n'ai rien fait de ma liberté, dit Charles en souriant, vous savez bien que je suis épris de vous. Quant
à la vôtre, vous l'avez, il me semble. Antoine vous
plaît : voilà. Vous donnerez suite ou non, je le saurai
ou non. Je n'y peux rien. »

Il s'était allongé sur son lit, en robe de chambre.
Lucile était debout devant lui. Il s'assit au bord du lit.

« C'est vrai, dit-elle rêveusement, il me plaît. »

Ils se regardèrent.

« Si cela se produisait, vous souffririez ? dit Lucile
tout à coup.

— Oui, dit Charles. Pourquoi ?

— Parce que, sinon, je vous quitterais », dit-elle et
elle s'allongea à demi sur le lit de Charles, la tête sur
la main, les genoux recroquevillés au menton, le visage
délivré. Deux minutes plus tard, elle dormait et Charles Blassans-Lignières eut beaucoup de mal à partager
équitablement les couvertures entre eux deux.

VII

Il eut son numéro par Johnny et il lui téléphona le lendemain matin. A quatre heures, ils se retrouvèrent chez
lui, dans la chambre, mi-étudiant, mi-homme sérieux
qu'il habitait rue de Poitiers. Elle ne vit pas la chambre tout d'abord, elle ne vit qu'Antoine qui l'embrassait sans un mot, sans une simple phrase d'accueil
comme s'il ne l'avait pas quittée un instant depuis le
parc de Saint-Cloud. Il leur arriva ce qui arrive à un
homme et une femme entre qui s'installe le feu. Très
vite, ils ne se rappelèrent plus avoir connu autrefois le
plaisir, ils oublièrent les limites de leur propre corps
et les termes de pudeur ou d'audace devinrent aussi
abstraits l'un que l'autre. L'idée qu'ils devraient se
quitter, dans une heure ou deux, leur semblait d'une
immoralité révoltante. Ils savaient déjà qu'aucun geste
de l'autre ne saurait jamais être gênant, ils murmu-
raient en les redécouvrant les mots crus, maladroits
et puérils de l'amour physique et l'orgueil, la recon-
naissance du plaisir donné, reçu, les rejetaient sans
cesse l'un vers l'autre. Ils savaient aussi que ce moment
était exceptionnel et que rien de mieux ne pouvait

être donné à un être humain que la découverte de son complément. Imprévisible, mais à présent inéluctable, la passion physique allait faire, de ce qui aurait pu être, entre eux une passade — une véritable histoire.

Le ciel s'assombrissait et ils refusaient l'un et l'autre de regarder l'heure. Ils fumaient, la tête renversée, ils gardaient sur eux une odeur d'amour, de mêlée, de transpiration qu'ils respiraient ensemble comme deux combattants épuisés et comme deux vainqueurs. Les draps gisaient par terre, la main d'Antoine reposait sur la hanche de Lucile.

« Je ne pourrai plus te rencontrer sans rougir, dit Lucile, ni te voir partir sans avoir mal, ni te parler devant quelqu'un sans détourner les yeux. »

Elle s'accouda, regarda la chambre en désordre, la fenêtre étroite. Antoine mit la main sur son épaule : elle avait le dos très droit, très lisse; dix ans et toute la vie la séparaient de Diane. Il referma la main au moment où elle se retournait vers lui et, un instant, il la tint ainsi par le bas du visage, presque férocement, la bouche de Lucile plaquée contre sa paume, ses doigts à lui crispés autour de son visage. Ils se dévisagèrent et se promirent mille heures semblables, quoi qu'il arrive, sans se dire un mot.

VIII

« NE faites pas cette tête-là, mon bon, dit Johnny, c'est
un cocktail ici, pas un film d'épouvante. »

Il glissait un verre dans les mains d'Antoine qui sourit machinalement sans cesser de regarder la porte. Il
y avait une heure qu'ils étaient là, il était près de neuf
heures, Lucile n'arrivait pas. Que faisait-elle ? Elle lui
avait promis de venir. Il se rappelait sa voix, lui disant : « Demain, demain », sur le seuil de sa chambre. Il ne l'avait pas revue depuis. Peut-être se mo-
quait-elle de lui ? Après tout, elle vivait des bons soins
de Blassans-Lignières, c'était une femme entretenue,
elle pouvait trouver de jeunes mâles comme lui partout.
Peut-être avait-il rêvé cet après-midi rouge et noir de
la veille, peut-être n'était-ce pour elle qu'un après-
midi comme tant d'autres avec un garçon. Peut-être
était-il imbécile et prétentieux. Diane cinglait vers lui
nantie du maître de maison, un Américain « fou de
littérature ».

« William, vous connaissez Antoine, dit-elle d'un
ton affirmatif. (Comme si le fait que quelqu'un puisse
encore ignorer qu'il était son amant fût inconcevable.)

— Mais, bien sûr », dit William avec un sourire appréciateur.

« Peut-être va-t-il (soulever) ma (lèvre)supérieure et regarder mes dents », pensa Antoine avec une sorte de fureur.

« William me raconte des choses renversantes sur Scott Fitzgerald, reprit Diane. C'était un ami de son père. Antoine a une passion pour Fitzgerald. Il faut que vous lui racontiez tout, William, absolument tout... »

Le reste de sa phrase fut perdu pour Antoine. Lucile entrait. Elle fit le tour du salon des yeux, très vite et Antoine comprit la plaisanterie de Johnny; elle avait exactement, comme sans doute lui-même, cinq minutes plus tôt, l'air épouvanté. Elle le vit, s'arrêta et, machinalement, il fit un pas vers elle. Un vertige s'empara d'Antoine : « Je vais aller vers elle, la prendre dans mes bras, l'embrasser sur la bouche, je me (moque) du reste. » Lucile vit sa résolution et, une seconde, elle faillit le laisser faire. La nuit, la journée avaient été trop longues et trop long le retard de Charles qui lui avait fait craindre, deux heures durant, d'arriver trop tard. Ils restèrent ainsi face à face, comme à l'arrêt et brusquement, Lucile se détourna, d'un mouvement violent, un mouvement (d'impuissance)exaspérée. Elle ne pouvait pas faire ça, elle essaya de penser que c'était pour (épargner) Charles mais elle savait bien que c'était par peur.

Johnny était près d'elle. Il souriait et l'examinait avec une bizarre sollicitude. Elle lui rendit son sourire et il la prit par le bras pour l'emmener vers le buffet.

« Vous m'avez fait peur, dit-il.

— Pourquoi ? »

Elle le regardait dans les yeux. Cela n'allait pas commencer, pas si tôt : « Les complices, les amis, les renseignés, les ricanements. » Ce n'était pas possible. Johnny haussa les épaules.

« Je vous aime bien, dit-il doucement. Vous vous en moquez, mais je vous aime bien. »

Quelque chose dans sa voix (émut) Lucile. Elle le regarda. Il devait être bien seul.

« Pourquoi m'en moquerais-je ?

— Parce que vous ne vous intéressez qu'à ce qui vous plaît. Tout le reste vous gêne. N'est-ce pas vrai ? Au demeurant, ce n'est pas mal dans notre petit groupe. Ça vous permettra de rester intacte un peu plus longtemps. »

Elle l'écoutait sans l'entendre. Antoine avait disparu derrière une forêt de têtes, à l'autre bout du salon. Où était-il ? « Où es-tu, mon idiot, mon (amant) Antoine, où as-tu caché ton grand corps osseux, à quoi te sert d'avoir les yeux si jaunes si tu ne me vois pas, là, à dix mètres au plus de toi, idiot, cher idiot », et une vague de tendresse (l'envahit.) Que racontait Johnny ? Evidemment, elle n'aimait que ce qui lui plaisait, et ce qui lui plaisait, c'était Antoine. Il semblait que, pour la première fois depuis des années, elle tînt une évidence.

Johnny regardait cette évidence avec un mélange d'envie et de tristesse. Il était vrai qu'il aimait bien Lucile, il aimait sa manière de se taire, de s'ennuyer et de rire. Maintenant, il contemplait ce visage nouveau, rajeuni, enfantin, presque barbare, à force de désir et il se rappelait avoir voulu ainsi, très loin dans le temps, quelqu'un plus que tout au monde. C'était Roger. Oui, il avait vu arriver Roger ainsi dans les salons et il avait l'impression de ne plus vivre, ou de revivre enfin. Où était la vie, où était le rêve, dans ces histoires d'amour ? En tout cas, ce petit Antoine n'avait pas perdu son temps. C'était bien la veille qu'il lui avait demandé le téléphone de Lucile. Tranquillement, comme une chose évidente, d'homme à homme. Curieusement, il y avait une sorte de complicité virile dans leurs rapports, et Johnny n'avait même pas envisagé de parler de ce coup de téléphone à Claire dont il eût pourtant fait les délices. Il y avait encore des petites choses qu'il ne faisait pas, Johnny, et Dieu sait pourtant que la vie était chère.

Diane n'avait pas remarqué le mouvement d'Antoine, sa robe s'étant miraculeusement accrochée à un guéridon à l'instant même où Lucile entrait et seul William s'était étonné du mouvement de fuite de ce jeune homme à l'énoncé du nom de Scott Fitzgerald. Au demeurant, Antoine était rapidement retourné près d'eux et il aidait à présent Diane à dégager sa robe, non sans provoquer la chute de quelques strass.

« Tes mains tremblent », dit Diane à voix mi-haute.

Elle le vouvoyait généralement en public à seule fin de le tutoyer parfois comme par accident, mais ces accidents lui arrivaient à présent un peu trop souvent. Antoine lui en voulait. Il lui en voulait de tout d'ailleurs depuis deux jours. Il lui reprochait son sommeil, sa voix, son élégance, ses gestes, il lui reprochait d'exister et de n'être plus pour lui que le moyen de rejoindre les

salons où pouvait apparaître Lucile. Il s'en voulait, de
plus, de n'avoir pu la toucher, depuis. Elle s'en inquié-
terait vite. A ce sujet Antoine s'était toujours comporté
avec cette parfaite régularité que donne le mélange de
la sensualité et de l'indifférence. Il ne savait pas que
cette défaillance même donnait quelque espoir à Diane,
tant elle s'effrayait parfois de cet amant efficace, silencieux et sans lyrisme. Et tant la passion se nourrit de
tout, y compris les signes les plus contraires à ses désirs.
En attendant, il cherchait Lucile des yeux. Il savait
qu'elle était là, il surveillait aussi attentivement la
porte de peur qu'elle ne sorte qu'il ne la surveillait tout
à l'heure dans l'espoir qu'elle y rentre. La voix de Blassans-Lignières, derrière lui, le fit sursauter et il se retourna, serra la main de Lucile, celle de Charles avec
cordialité. Puis il rencontra à nouveau les yeux de Lucile qui souriaient et un sentiment de triomphe, de parfait bonheur s'empara de lui, si violent qu'il se mit à
tousser pour cacher l'expression de son visage.

« Diane, disait Blassans-Lignières, c'est William qui
a ce Boldini dont je vous parlais l'autre jour à table.
William, il faut que vous le lui montriez. »

Un instant, le regard d'Antoine croisa celui de Charles avant qu'il ne s'éloigne flanqué de William et de
Diane. C'était un regard bleu, soucieux, parfaitement
honnête. Souffrait-il ? Se doutait-il ? Antoine ne s'était
pas encore posé la question. Il ne s'était préoccupé que
de Diane et encore, si légèrement. Depuis la mort de
Sarah, il ne s'était jamais posé aucune question, sur personne. Maintenant, il se retrouvait seul, en face de Lucile et il lui demandait silencieusement : « Qui es-tu ?

Que veux-tu de moi ? Que fais-tu ici ? Que suis-je pour
toi ? »   *Tiède ~ lukewarm*

« J'ai cru que je n'arriverais jamais », dit Lucile.

« Je ne connais rien de lui, pensait-elle, rien que sa
façon de faire l'amour. Pourquoi sommes-nous dans
une position si passionnelle ? C'est la faute des autres.
Si nous étions libres, non surveillés, nous serions sûrement plus tranquilles, le sang plus tiède. » Un instant,
elle eut envie de lui tourner le dos, d'aller rejoindre le
petit groupe voguant vers le Boldini. Quel avenir l'attendait, de mensonges, et de hâtes ? Elle prit la cigarette que lui tendait Antoine et posa sa main sur la
sienne tandis qu'il lui tendait une allumette. Elle reconnut aussitôt la chaleur, le contact de cette main, elle
baissa les paupières, deux fois, comme pour un consen-
tement secret avec elle-même.

« Vous venez demain ? dit Antoine précipitamment.
A la même heure ? »

Il lui semblait qu'il n'aurait pas une seconde de re-
pos avant de savoir précisément quand il la tiendrait à
nouveau contre lui. Elle acquiesça. Et, comme un re-
flux, la tranquillité envahit l'esprit d'Antoine et il se
demanda même une seconde si ce rendez-vous ne lui
était pas au fond parfaitement indifférent. Il avait pourtant assez lu pour penser que l'inquiétude — plus profondément sans doute que la jalousie — est le grand
accélérateur des passions. De plus, il avait la certitude
qu'il lui suffisait d'étendre la main, d'attirer Lucile
contre lui, au centre de ce salon, pour que le scandale
arrive, que l'irrémédiable soit fait; et cette assurance

même lui permettait de ne pas étendre la main, voire
d'y prendre un plaisir équivoque et vif qu'il connaissait
mal : celui de la dissimulation.

« Alors, les petits ? Qu'avons-nous fait de nos
amis ? »

La voix sonore de Claire Santré les fit sursauter. Elle
s'appuyait d'une main à l'épaule de Lucile et elle fixait
Antoine d'un regard appréciateur comme si elle eût essayé de se mettre à la place de Lucile et y fût bien arrivée. « Voici venir le numéro de la complicité féminine »,
pensa Lucile et, à sa grande surprise, elle n'en fut pas
agacée. C'était vrai, Antoine était beau ainsi, l'air gêné
et résolu tout à la fois. Il devait être trop distrait pour
mentir longtemps, c'était un homme fait pour lire, pour
marcher à grands pas, pour faire l'amour, pour se taire,
ce n'était pas un homme fait pour le monde. Encore
moins qu'elle-même, que son indifférence, son insouciance revêtait d'un scaphandre à toute épreuve dans les
profondeurs abyssales des relations mondaines.

« Il y a un Boldini quelque part chez le nommé William, dit Antoine d'un ton rogue. Diane et Charles le
contemplent. »

Il pensa que c'était la première fois qu'il nommait
Blassans-Lignières par son prénom. Tromper quelqu'un vous obligeait, sans qu'on comprenne bien pourquoi, à une certaine familiarité. Claire poussa un cri :

« Un Boldini ? Mais c'est tout récent ? Où William
l'a-t-il trouvé ? Je n'étais pas au courant, ajouta-
t-elle du ton vexé qu'elle prenait dès qu'une faille se
découvrait dans son immense réseau de renseignements.
Ce pauvre William a encore dû se faire voler, il n'y a

qu'un Américain pour acheter un Boldini sans consulter
Santos. »

Un peu rassérénée par la bêtise et l'imprudence de ce
pauvre William, elle reporta son attention sur Lucile.
Il était peut-être temps, enfin, de faire payer à cette
petite son insolence, ses silences et son refus de jouer le
jeu. Lucile souriait, les yeux levés vers Antoine, et c'était
un sourire tranquille, amusé, un sourire rassuré. C'était
bien là le terme, « rassuré ». Un sourire que ne peut
avoir une femme qui ne connaît pas intimement un
homme. « Mais quand, mais quand ont-ils pu ? » L'esprit de Claire se mit à fonctionner à une vitesse folle.
« Voyons, le dîner à Marnes était il y a trois jours, ce
n'était pas fait. Ce devait être un après-midi, plus personne ne fait l'amour le soir à Paris, tout le monde est
généralement trop fatigué et puis, eux, ils ont les autres,
en plus. Aujourd'hui ? » Elle les regardait, les yeux brillants, le nez tendu, elle essayait de déceler les traces du
plaisir sur eux avec cette folie passionnée que donne la
curiosité à certaines femmes. Lucile le comprit et, mal-
gré elle, éclata de rire. Claire recula son visage et son
expression de chien d'arrêt fit place à une expression
plus douce, plus résignée du style « je comprends tout,
j'admets tout » qui passa malheureusement inaperçue.

Car Antoine regardait Lucile et riait avec elle de
confiance, ravi de la voir rire, ravi de savoir qu'elle lui
expliquerait pourquoi le lendemain, dans son lit, à
l'heure heureuse et fatiguée qui suit l'amour. Il ne lui
demanda donc pas : « Pourquoi riez-vous ? » Beaucoup de liaisons se dénoncent ainsi, par des silences,
par une absence de questions, par une phrase que l'on

ne relève pas, par un mot de passe que l'on a choisi
anodin, exprès, et qui l'est tellement qu'il en devient
extravagant. De toute manière, le premier observateur
qui eût vu rire Lucile et Antoine, qui eût vu leur expression de bonheur, ne s'y serait pas trompé. Ils le
sentaient confusément et ils profitaient avec une sorte
d'orgueil de cette trêve qui leur était offerte par le Boldini, ces quelques instants où ils pouvaient se regarder
et se plaire sans alarmer deux personnes. Et la présence
de Claire, des autres, bien qu'ils l'eussent nié, redoublait
leur plaisir. Ils se sentaient la jeunesse, presque l'enfance
des gens à qui l'on interdit quelque chose, qui l'ont fait
quand même et que l'on n'a pas encore punis.

Diane revenait, fendant la foule, avec quelques vire-
ments de bord rapides vers un ami empressé qui lui prenait la main, la baisait et à qui elle l'arrachait aussitôt,
négligeant de répondre à sa question pourtant bienveillante sur sa santé ou à une affirmation enthousiaste de
sa beauté. Dans un bruit confus de : « Comment vas-
tu, Diane ? Comme vous êtes en forme, Diane. Mais
d'où vient cette robe divine, Diane », elle essayait de
rejoindre le coin obscur, maléfique où elle avait laissé
son amant, son amour, avec cette fille qui l'intéressait.
Elle haïssait Charles de l'avoir entraînée loin du salon,
elle (haïssait) Boldini, elle haïssait William pour l'insi-
pide et interminable récit qu'il avait fait de son acqui-
sition. Il l'avait acheté pour rien, bien entendu, c'était
une occasion unique, le pauvre marchand n'y avait vu
que du feu. C'était agaçant, cette manie qu'avaient les
gens richissimes de ne faire jamais, jamais que des affaires. D'avoir des réductions chez les couturiers, des

prix chez Cartier et d'en être fier. Elle avait échappé à
cela, Dieu merci, elle n'était pas de ces femmes qui ca-
jolent leurs fournisseurs quand elles ont les moyens de
faire tout autrement. Elle devrait dire cela à Antoine,
cela le ferait rire. Le monde l'amusait, il évoquait toujours Proust à ce sujet et d'ailleurs à bien d'autres, ce
qui agaçait légèrement Diane qui avait peu le temps de
lire. La petite Lucile avait sûrement lu Proust, cela se
voyait à sa tête, il fallait bien dire qu'avec Charles, elle
devait avoir le temps. Diane s'arrêta. « Mon Dieu, pensa-t-elle brusquement, je deviens vulgaire. Est-ce qu'on
ne peut vraiment pas vieillir sans devenir vulgaire à ce
sujet ? » Elle souffrait, elle souriait à Coco de Balileul,
elle échangeait un clin d'œil avec Maxime qui lui en
adressait un sans qu'elle sût pourquoi, elle butait sur
dix obstacles souriants, aimables; elle accomplissait un
steeple-chase affreux pour rejoindre Antoine qui riait
là-bas, qui riait de sa voix basse, il fallait qu'elle arrête ce rire. Elle fit un pas de plus et ferma les yeux de
soulagement : il riait avec Claire Santré. (Lucile leur
tournait le dos.) Lucile turned her back.

IX

« CE cocktail était bien (agité,) dit Charles. Les gens boivent de plus en plus, non ? »

La voiture (glissait) doucement sur les (quais,) il pleuvait. Lucile avait mis sa tête à la portière comme d'habitude, elle recevait des petites gouttes de pluie sur la figure, elle respirait l'odeur de Paris, la nuit, en avril, elle pensait au visage traqué d'Antoine quand ils avaient dû se dire au revoir poliment, une demi-heure plus tôt, elle s'émerveillait.

« Les gens ont de plus en plus peur, dit-elle gaiement. Ils ont peur de vieillir, ils ont peur de perdre ce qu'ils ont, ils ont peur de ne pas obtenir ce qu'ils veulent, ils ont peur de s'ennuyer, ils ont peur d'ennuyer, ils vivent en état de panique et d'avidité perpétuelles.

— Cela vous amuse ? dit Charles.

— Cela m'amuse quelquefois et quelquefois ça m'émeut. Pas vous ?

— Je ne fais pas très attention, dit Charles. Je ne suis pas un fin psychologue, vous le savez. Je remarque seulement qu'il y en a de plus en plus qui me tombent

dans les bras sans que je les connaisse et, de plus en
plus, qui titubent dans les salons. »

Il ne pouvait pas dire : « Je ne m'intéresse qu'à vous,
je fais des heures et des heures de psychologie à votre
sujet, je suis la (proie) d'une idée fixe, moi aussi j'ai
peur, comme vous le dites, de perdre ce que j'ai, moi
aussi je suis en état de panique et d'avidité perpétuelles. »

Lucile rentra la tête et le regarda. Elle se sentait tout
à coup une immense tendresse pour lui, elle ne l'avait
jamais tant aimé. Elle eût voulu partager avec lui ce
bonheur violent qu'elle éprouvait à présent à penser au
lendemain. « Il est dix heures du soir, dans dix-sept
heures, je serai dans les bras d'Antoine. Pourvu que je
dorme tard demain, que je ne sente pas le temps passer. » Elle posa la main sur la main de Charles. C'était
une belle main fine, soignée, avec quelques petites ta-
ches jaunes qui commençaient à paraître.

« Comment était ce Boldini ? »

« Elle cherche à me faire plaisir, pensa Charles amèrement. Elle sait que je suis un homme d'affaires doublé
d'un homme de goût. Elle ne sait pas que j'ai cinquante
ans et que je suis malheureux comme un animal. »

« Assez joli. De la bonne époque. William l'a eu
pour rien.

— William a toujours tout pour rien, dit Lucile en
riant.

— C'est la réflexion que m'a faite Diane », dit Charles.

Il y eut un vague silence. « Je ne vais pas commencer
à observer des silences gênés dès qu'il parlera de Diane

ou d'Antoine, pensa Lucile, c'est idiot. Si je pouvais
seulement lui dire la vérité : Antoine me plaît, j'ai envie de rire avec lui, d'être dans ses bras. Mais que pour-
rais-je dire de pire à un homme qui m'aime ? Il supporterait peut-être que je couche avec lui, mais pas que
je rie. Je le sais : rien n'est plus affreux que le rire pour
la jalousie. »

« Diane est dans un étrange état, dit-elle. J'étais en
train de parler avec Antoine et Claire quand je l'ai vue
revenir dans le salon. Elle avait l'air fixe, égarée... elle
me faisait peur. »

Elle essaya de rire. Charles se tourna vers elle :

« Peur ? Vous voulez dire pitié ?

— Oui, dit-elle d'une voix tranquille, pitié aussi. Il
n'est pas gai de vieillir pour une femme.

— Pour un homme non plus, dit Charles avec entrain. Je vous le garantis. »

Ils eurent un rire très faux qui leur glaça le sang.
« Bien, se dit Lucile, c'est comme ça. Nous éviterons,
nous plaisanterons, nous ferons ce qu'il voudra. Mais,
moi, demain à cinq heures, je serai dans les bras d'Antoine. »

Et elle qui détestait la férocité se sentit enchantée de
s'en découvrir capable.

Car rien, personne, aucune supplication, ne saurait
l'empêcher de retrouver Antoine le lendemain, de retrouver le corps, le souffle, la voix d'Antoine. Elle le savait et l'implacabilité de son désir, à elle dont tous les
projets étaient toujours suspendus à un changement
d'humeur ou de temps, l'étonnait encore plus que cet
élan de joie parfaite tout à l'heure, quand elle avait

rencontré le regard d'Antoine. Sa seule passion, à vingt
ans, avait été malheureuse et elle en avait conservé pour
l'amour un mélange curieux de considération et de tristesse assez proche de celui qu'elle éprouvait pour la reli-
gion : comme d'un sentiment perdu. Brusquement, elle
découvrait l'amour dans sa force — l'amour heureux —
et il lui semblait que son existence au lieu de se can-
tonner à un seul être devenait immense, impossible à
remplir, triomphale. Elle, dont les journées se dérou-
laient nonchalamment, sans repères, s'effrayait du peu
de vie qu'il lui restait échu : elle n'aurait jamais assez
de temps pour aimer Antoine.

« Vous savez, Lucile, il va falloir que je parte pour
New York, bientôt. Vous m'accompagnez ? »

La voix de Charles était calme, elle sous-entendait
même un acquiescement. De fait, Lucile aimait les
voyages et il le savait. Elle ne répondit pas tout de suite.

« Pourquoi pas ? Vous partiriez longtemps ? »

« Impossible, pensa-t-elle, impossible. Que faire
sans Antoine dix jours ? Charles pose ses conditions trop
tôt ou trop tard, en tout cas trop cruellement. Je donnerais toutes les villes du monde pour la chambre
d'Antoine. Je n'ai pas d'autres voyages, d'autres dé-
couvertes à faire que celles que nous ferons ensemble
dans le noir. » Et un souvenir précis lui revint brusquement, elle se troubla et détourna la tête vers la
rue.

« Dix, quinze jours, dit Charles, New York est charmant au printemps. Vous ne l'avez vu qu'en plein hiver.
Je me rappelle que vous aviez le nez tout bleu, un soir,
tellement il faisait froid. Vos yeux étaient écarquillés,

vos cheveux hérissés d'indignation et vous me jetiez des
regards de reproche comme si c'était ma faute. »

Il se mit à rire, sa voix était tendre, nostalgique. Lucile se rappelait l'abominable froid de cet hiver-là mais
elle n'en avait gardé aucun souvenir attendri. Simplement celui d'une course éperdue de taxi entre l'hôtel et
le restaurant. Les souvenirs mélancoliques et dorés du
cœur, c'était Charles, toujours Charles qui les avait et
elle en eut subitement honte. Sentimentalement aussi.
elle vivait aux crochets de Charles et cela la gênait bien
plus que le reste. Elle ne voulait pas le faire souffrir,
elle ne voulait pas lui mentir, elle ne voulait pas lui
dire la vérité, elle voulait simplement la lui laisser sup-
poser sans qu'elle eût à s'en expliquer. Oui, elle était
vraiment d'une lâcheté parfaite.

Ils se retrouvaient deux, trois fois par semaine. Antoine faisait preuve d'une immense imagination pour
quitter son bureau et Lucile, de toute façon, ne racontait jamais ses journées à Charles. Ils se retrouvaient
dans la même petite chambre, tremblants, ils som-
braient dans le noir, ils n'avaient presque pas le temps
de se parler. Ils ne savaient rien l'un de l'autre, mais
leurs corps se reconnaissaient avec tant de ferveur, de
piété, un tel sentiment d'absolu que leur mémoire se
décrocherait sous la force de l'instant et qu'ils cherchaient désespérément et vainement l'un l'autre, après
s'être quittés, un souvenir précis, un des mots chuchotés
dans l'obscurité, un geste. Ils se quittaient toujours
comme deux somnambules, presque distraits et c'était

seulement deux heures plus tard qu'ils recommençaient
à attendre, comme le seul point vivant de leur vie, la
seule réalité, le moment où ils se retrouveraient. Tout
le reste était mort. Seule cette attente les maintenait
au courant de l'heure, du temps, des autres, parce qu'elle
les transformait en obstacle. Lucile vérifiait six fois
avant d'aller rejoindre Antoine, la présence de la clef
de sa voiture dans son sac, dix fois elle se remémorait
les rues à prendre pour rejoindre la maison d'Antoine,
dix fois elle regardait ce réveil qu'elle avait toute sa
vie si superbement dédaigné. Dix fois, Antoine prévenait la secrétaire qu'il avait un rendez-vous urgent à
quatre heures, et il quittait le bureau à quatre heures
moins le quart, bien qu'il lui fallût deux minutes à pied
pour rentrer chez lui. Et ils arrivaient chaque fois un
peu pâles, elle, parce qu'elle avait cru ne jamais sortir
d'un (embouteillage,) lui, parce qu'il avait rencontré un
auteur de sa maison qui ne voulait pas le laisser partir.
Ils s'étreignaient en soupirant, comme s'ils avaient
échappé à un grave danger, lequel, dans le pire des cas,
eût été cinq minutes de retard.

Ils se disaient « je t'aime » dans le plaisir mais jamais autrement. Parfois Antoine se (penchait) sur Lucile
et (tandis) qu'elle reprenait son (souffle,) les yeux clos, il
dessinait son visage, son épaule avec la main et disait :
« Tu me (plais,)tu sais », d'une voix tendre. Elle souriait. Il lui parlait de son sourire, il lui disait combien
son sourire l'agaçait quand elle l'adressait à quelqu'un
d'autre, les yeux élargis. « Tu as un sourire trop désarmé, disait-il, c'est inquiétant, — Mais je pense à autre
chose souvent, c'est une manière d'être aimable. Je n'ai

pas l'air désarmé, j'ai l'air vide. — Dieu sait à quoi tu
penses, reprenait-il, tu as toujours l'air de remâcher un
secret ou un mauvais coup dans les dîners. — Je pense à
un secret, en effet, Antoine... », et elle appuyait la tête
d'Antoine contre son épaule, elle chuchotait : « Ne ré-
fléchis pas trop, Antoine, nous sommes bien. » Et il se
taisait. Il n'osait pas lui dire ce qui l'occupait à présent,
sans cesse, ce qui le laissait éveillé de longues nuits auprès de Diane qui faisait, elle-même, semblant de dormir. « Cela ne peut durer, cela ne peut durer, pourquoi n'est-elle pas près de moi ? » L'insouciance, la capacité qu'avait Lucile de nier tout problème le mettait
mal à l'aise. Elle refusait de parler de Charles, elle
refusait tout projet. Peut-être tenait-elle à Blassans-
Lignières par intérêt ? Mais elle semblait si libre, elle
se soustrayait si naturellement à toute conversation dès
que celle-ci se posait sur l'argent (et Dieu sait que personne ne parle plus d'argent que les gens qui en ont
trop...) qu'il ne pouvait l'imaginer faisant quoi que ce
soit par calcul. Elle lui disait : « J'ai le goût de la facilité. » Elle lui disait : « Je déteste l'instinct de possession », elle lui disait : « Tu m'as manqué », et il n'arrivait pas à concilier tout cela. Il attendait confusément
que quelque chose se passe, qu'on les surprenne, que le
destin le remplace dans son rôle d'homme et il s'en méprisait.

Antoine se savait nonchalant, sensuel mais moral. Il
n'avait sans doute jamais eu autant de goût pour une
femme que pour Lucile, mais il avait eu de nombreuses
passions et il avait, par remords, transformé sa liaison,
somme toute insignifiante, avec Sarah, en une tragique

3. *subiong*

histoire d'amour. Il se savait facilement la proie de
conflits intérieurs. En fait, il était presque aussi doué
pour le malheur que pour le bonheur et Lucile ne pouvait que le déconcerter. Il ne comprenait pas qu'elle
n'avait aimé qu'une fois, dix ans auparavant, qu'elle
l'avait oublié et qu'elle considérait leur passion comme
un merveilleux cadeau, imprévisible, inespéré, fragile,
dont elle ne voulait pas, presque par superstition, prévoir la suite. Elle aimait l'attendre, elle aimait qu'il lui
manquât, elle aimait se cacher, comme elle eût aimé
vivre avec lui au plein jour. Chaque instant de bonheur
se suffisait à lui-même. Et si, depuis deux mois, elle se
surprenait à s'attendrir sur d'ineptes chansons d'amour,
elle ne se sentait aucunement concernée par les sentiments « d'exclusivité ou d'éternité » qui en faisaient
généralement le thème. Car sa seule morale étant de ne
pas se mentir, elle se trouvait forcément entraînée à un
cynisme involontaire mais profond. Comme si le fait de
pouvoir trier ses sentiments conduisait automatiquement à ce cynisme alors que les tricheurs, les mythoma-
nes peuvent rester toute leur vie d'un romantisme éche-
velé. Elle aimait Antoine mais elle tenait à Charles,
Antoine faisait son bonheur et elle ne faisait pas le malheur de Charles. Estimant les deux, elle ne s'intéressait
pas suffisamment à elle-même pour se mépriser de se
partager. Son absence complète de suffisance la rendait
féroce, bref, elle était heureuse.

Ce fut tout à fait par hasard qu'elle découvrit qu'elle
pouvait souffrir.

Elle n'avait pas vu Antoine depuis trois jours, les ha-
sards des cérémonies parisiennes les ayant égarés dans

des théâtres et des dîners différents. Elle avait rendez-
vous avec lui à quatre heures et elle arriva à l'heure,
étonnée de ne pas le voir lui ouvrir la porte. Pour la
première fois, elle utilisait la clef qu'il lui avait donnée.
La chambre était vide, les volets ouverts et elle crut un
instant s'être trompée car elle arrivait toujours dans
une chambre ténébreuse, Antoine allumant seulement
une lampe rouge par terre qui n'éclairait que le lit et
un pan du plafond. Amusée, elle fit le tour de cette
chambre, à la fois si connue et si ignorée, lisant les ti-
tres des livres sur les rayons, ramassant une cravate à
terre, détaillant un tableau 1900 cocasse et charmant
qu'elle n'avait jamais vu. Pour la première fois, elle
pensait à son amant comme à un jeune célibataire, tra-
vailleur par accès, plutôt modeste. Qui était Antoine,
d'où venait-il, quels étaient ses parents ? Quelle avait
été son enfance ? Elle s'assit sur le lit, puis, brusquement gênée, se releva et se dirigea vers la fenêtre. Elle
se sentait chez un étranger, elle se sentait indiscrète.
Pour la première fois surtout, elle pensa qu'Antoine
était un « autre », et que tout ce qu'elle savait de ses
mains, de sa bouche, de ses yeux, de son corps n'en faisait pas forcément son indissoluble complice. Où était-
il ? Il était quatre heures et quart, elle ne l'avait pas vu
depuis trois jours et le téléphone ne sonnait pas. Elle se
promenait dans la chambre triste de la porte à la fenêtre, elle prenait un livre, ne comprenait pas ce qu'elle
lisait, le reposait. Le temps passait, s'il n'avait pu venir,
il aurait pu lui téléphoner. Elle décrocha le téléphone,
espérant qu'il fût détraqué, il ne l'était pas. Et s'il
n'avait pas envie de venir ? Cette idée la figea au mi-

lieu de la pièce, immobile, attentive, comme semblent
certains soldats sur les estampes lorsqu'ils viennent de
recevoir une balle décisive. Aussitôt, le tourbillon se dé-
chaîna dans sa mémoire : ce qu'elle avait pris pour un
reproche dans les yeux d'Antoine, c'était l'ennui; cette
hésitation, l'autre fois, lorsqu'elle lui avait demandé ce
qui le tourmentait n'était pas due à la peur de la contra-
rier comme elle l'avait cru, mais à la peur de la faire
souffrir en lui avouant la vérité : qù'il ne l'aimait plus.
Elle revit en un éclair dix attitudes d'Antoine, les attri-
bua toutes à l'indifférence. « Allons bon, dit-elle tout
haut, il ne m'aime plus. » Elle murmura cela d'une voix
tranquille, mais aussitôt cette petite phrase se retourna
contre elle avec la rapidité d'un coup de fouet et elle
porta la main à son cou comme pour se défendre. « Mais
que vais-je faire de moi si Antoine ne m'aime plus ? »
Et sa vie lui apparut dépourvue de sang, de chaleur, de
rire, comme cette plaine pétrifiée, recouverte de cen-
dres, au Pérou, dont la photographie récente dans
Match avait provoqué l'admiration un peu morbide
d'Antoine.

Elle restait debout, en proie à un tremblement intérieur si violent qu'elle vint au secours d'elle-même.
« Allons, allons, dit-elle à voix haute, allons. » Elle
parlait à son corps, à son cœur comme à deux chevaux
effrayés, elle s'allongea sur le lit, elle s'obligea à respirer doucement. En vain. Une espèce de panique, de désespoir la faisait se recroqueviller, serrer les épaules
entre ses mains, plaquer son visage sur l'oreiller. Elle
entendit sa voix gémir : « Antoine, Antoine... », et en
même temps que cette insupportable douleur, elle était

la proie d'un grand étonnement. « Tu es (folle,) se disait-
elle, tu es folle », mais quelqu'un d'autre qu'elle, pour
une fois beaucoup plus fort, criait : « Et les yeux jaunes d'Antoine, et la voix d'Antoine, que peux-tu faire
sans Antoine, imbécile. » Cinq heures sonnèrent à une
église et elle eut l'impression qu'un dieu cruel et fou
tirait les cloches à son intention. Un instant après, Antoine entra. En voyant son expression, il s'arrêta un instant puis il (s'écroula) près d'elle sur le lit. Il était fou de
bonheur, il ignorait pourquoi, il couvrait son visage, ses
cheveux de baisers tendres, il s'expliquait, il insultait
son éditeur qui l'avait retenu une heure dans son bureau. Elle était accrochée à lui, elle murmurait son nom
d'une voix encore indécise. Puis, elle se redressa, s'assit
sur le lit et lui tourna le dos.

     « Tu sais, Antoine, dit-elle, je t'aime pour de bon.
     — Moi aussi, dit-il, ça tombe bien. »
     Ils observèrent un silence méditatif. Puis Lucile eut
un petit rire résigné, elle se retourna vers lui et elle
regarda avec gravité s'approcher du sien le visage
qu'elle aimait.

X

En le quittant, deux heures plus tard, elle crut à un accident. Fatiguée par l'amour, comblée, la tête vide, elle
se prit à penser que cette demi-heure de panique était
d'origine nerveuse plus que sentimentale et elle décida
de dormir plus, de boire moins, etc. Elle était trop habituée à vivre seule, profondément, pour admettre sans
difficulté que quelqu'un ou quelque chose puisse être
indispensable à son existence. Cela lui paraissait, en
fait, plus monstrueux que souhaitable. Sa voiture glissait sur le quai, elle conduisait machinalement, admi-
rant la Seine dorée, plus loin, dans une des premières
belles soirées de printemps. Elle souriait un peu.
« Qu'est-ce qui lui avait pris ? A son âge ? Avec sa vie ?
Après tout, elle était une femme entretenue, une femme
cynique. » Cette idée la fit rire et un automobiliste arrêté près d'elle lui sourit. Elle lui rendit son sourire,
distraitement, continua ses réflexions. « Oui, qui était-
elle ? » Ce qu'elle pouvait être aux yeux des autres lui
était parfaitement indifférent et jusqu'ici aux siens. Elle
ne se voyait plus, était-ce un mal ? Un signe d'abrutis-
sement intellectuel ? Elle avait beaucoup lu, plus jeune,

avant de découvrir qu'elle était heureuse. Elle s'était posé beaucoup de questions aussi avant de devenir cet animal bien nourri, bien vêtu et si agile à éviter toute complication. Où allait-elle, que faisait-elle ? Grâce à une ligne de vie curieuse dans sa paume, elle avait toujours admis nonchalamment qu'elle mourrait jeune, elle y avait même compté. Et si elle vieillissait ? Elle essaya de s'imaginer pauvre, vieillie, abandonnée de Charles, œuvrant péniblement dans une carrière sans charme. Elle essaya de se faire peur mais n'y parvint pas. A cet instant, il lui paraissait que, quoi qu'il arrive, la Seine serait toujours aussi dorée et lumineuse près du Grand Palais et que c'était la chose la plus importante. Elle n'avait pas besoin de cette voiture ronronnante, ni de ce manteau de Laroche pour vivre, elle en était sûre. Charles aussi, d'ailleurs, en était sûr, ce qui le rendait malheureux. Et comme chaque fois qu'elle quittait Antoine, elle se sentit une grande bouffée de tendresse pour Blassans-Lignières, une grande envie de le rendre heureux.

Elle ne savait pas que Charles, habitué à la trouver là en rentrant, marchait de long en large dans sa chambre comme elle-même trois heures plus tôt en se posant la même question. « Et si elle ne revenait plus ? » Elle ne le savait pas et elle ne le sut pas car, lorsqu'elle rentra, il lisait placidement *Le Monde,* allongé sur son lit. Il connaissait par cœur le bruit de sa voiture. Il demanda « bonne journée ? » d'une voix calme et elle l'embrassa tendrement. Il mettait une eau de Cologne qu'elle aimait bien, elle devrait penser à acheter la même à Antoine.

« Bonne, dit-elle. J'ai eu peur de... »

Elle s'arrêta. Elle avait envie de parler à Charles, de tout lui raconter, « j'ai eu peur de perdre Antoine, j'ai eu peur de l'aimer ». Mais elle ne pouvait pas. Elle n'avait personne à qui raconter ce bizarre après-midi, elle n'avait jamais eu le goût des confidences et elle s'en sentait un peu triste.

« ... J'ai eu peur de vivre à côté, ajouta-t-elle confusément.

— A côté de quoi ?

— De la vie. De ce que les autres appellent la vie. Charles, faut-il vraiment aimer, enfin, avoir une passion malheureuse, faut-il travailler, gagner sa vie, faire des choses pour exister ?

— Ce n'est pas indispensable, dit Charles (il baissa les yeux), du moment que vous êtes heureuse.

— Ça vous paraît suffisant ?

— Largement », dit-il. Et quelque chose dans sa voix, une intonation bizarre, lointaine à force de nostalgie, (déchira) Lucile.

Elle s'assit sur le lit, tendit la main, caressa le visage fatigué. Charles ferma les yeux, sourit (légèrement) Elle se sentait compréhensive, bonne, capable de le rendre heureux, elle ne se disait pas qu'elle devait ses bons sentiments à l'arrivée d'Antoine et que, s'il ne fût pas venu, elle eût détesté Charles. Quand on est heureux, on prend volontiers les autres pour des auxiliaires de son bonheur et l'on sait seulement quand on ne l'a plus qu'ils n'en étaient que les insignifiants témoins.

« Que faisons-nous ce soir ? dit-elle.

« — Il y a ce dîner chez Diane, dit Charles. Vous l'avez oublié ? »

Sa voix était incrédule et ravie à la fois. Elle devina aussitôt pourquoi et elle rougit. En lui répondant « oui », elle lui dirait la vérité et, en même temps, elle l'induirait en erreur. Elle ne pouvait quand même pas lui dire : « J'avais oublié le dîner, mais pas Antoine. Je viens de chez lui. Et nous étions si égarés que nous avons pris rendez-vous pour demain. »

« Je ne l'avais pas oublié, dit-elle, mais je ne savais pas que c'était chez elle. Quelle robe voulez-vous que je mette ? »

Elle s'étonnait de ne pas être plus contente de revoir Antoine dans quelques heures. Au contraire, elle en était vaguement contrariée. Ils avaient atteint une sorte de paroxysme dans l'émotion cet après-midi et il lui semblait qu'en admettant que cette expression puisse s'appliquer aux sentiments, la coupe était pleine. Elle eût préféré dîner paisiblement avec Charles. Elle ouvrit la bouche pour le lui dire mais s'arrêta : cela lui ferait trop plaisir et ce serait un plaisir mensonger. Elle ne voulait pas lui mentir.

« Qu'alliez-vous dire ?

— Je ne sais plus.

— Vos réflexions métaphysiques vous donnent l'air encore plus brouillon que d'habitude. »

Elle se mit à rire :

« J'ai l'air brouillon en général ?

— Tout à fait. Je n'oserais jamais vous laisser voyager seule, par exemple. Je vous trouverais dans une salle de transit, Dieu sait où, huit jours plus tard, entourée de livres de poche et parfaitement au courant de la vie des barmen. »

Il avait l'air presque soucieux à cette éventualité et elle éclata de rire. Il la considérait vraiment comme incapable de se colleter avec la vie et, en un éclair, elle comprit que c'était ce qui l'attachait à lui, bien plus que tout sentiment de sécurité. Il acceptait son irresponsabilité, il entérinait le choix inconscient qu'elle avait fait, quinze ans plus tôt, de ne jamais quitter son adolescence. Ce même choix qui, sans doute, exaspérait Antoine. Et peut-être la coïncidence parfaite entre le personnage qu'elle voulait être et celui que voyait Charles serait-elle plus forte que toute passion qui l'obligerait à la renier.

« En attendant, prenons un whisky, dit Charles, je suis mort de fatigue.

— Pauline ne veut plus que je boive, dit Lucile. Vous pourriez lui en demander un double et je boirais dans votre verre. »

Charles sourit et sonna. « Je commence à jouer à la petite fille, se dit Lucile, même involontairement, et, d'ici peu de temps, j'aurai des animaux en peluche sur mon lit. » Elle s'étira, passa dans sa chambre et, regardant son lit, se demanda si, un jour, elle se réveillerait près d'Antoine.

XI

1. overwhelm   2. left.

L'APPARTEMENT de Diane, rue Cambon, était très beau,
(inondé) de fleurs fraîches et, bien qu'il fît très doux
et qu'elle eût même (laissé) les portes-fenêtres ouvertes, deux grands feux brûlaient dans les cheminées,
à chaque bout du salon. Si bien que Lucile enchantée
allait respirer, (tantôt) l'odeur de la rue qui (dénonçait)
déjà l'été à venir, un été (poussiéreux) et chaud, lan-
guide, tantôt l'odeur du bois en flammes qui lui rappelait l'automne passé, si âpre, lié indissolublement
pour elle à ces bois de Sologne où Charles l'emmenait
chasser.

« C'est très beau, dit-elle à Diane, d'avoir mélangé
deux saisons en une seule soirée.

— Oui, dit Diane, mais on se sent tout le temps mal
habillée. »

Lucile se mit à rire. Elle avait un rire tranquille,
communicatif, elle lui parlait sans aucune gêne et
Diane se demanda si sa jalousie n'était pas stupide. Au
fond Lucile se tenait bien; elle avait évidemment cette
attitude distraite, comme en marge, qui la rapprochait
d'Antoine mais peut-être n'y avait-il pas entre eux

d'autres affinités. Blassans-Lignières avait l'air parfaitement détendu, Antoine n'avait jamais été de si bonne
humeur, elle se trompait sûrement. Elle eut un mouvement de sympathie, presque de gratitude pour Lucile :

« Venez avec moi, je vais vous montrer le reste de
l'appartement. Cela vous amuse ? »

Lucile détailla gravement la salle de bain en céra-
miques italiennes, admira à voix haute les commodités
de la penderie et suivit Diane dans sa chambre.

« Il y a un léger fouillis, dit Diane, ne faites pas
attention. »

Arrivé en retard, Antoine s'était changé chez elle. La
chemise et la cravate qu'il portait l'après-midi traî-
naient par terre. Diane jeta un coup d'œil rapide vers
Lucile, ne lui vit qu'une légère expesssion de gêne
comme quelqu'un de simplement bien élevé. Mais quelque chose poussait Diane, quelque chose qui lui faisait
honte mais qu'elle ne pouvait réprimer. Elle ramassa
les vêtements, les mit sur un fauteuil, se retourna
vers Lucile, immobile, avec un petit sourire complice :

« Les hommes sont si désordonnés... »

Elle la regardait dans les yeux :

« Charles est très rangé », dit Lucile aimablement.
Elle avait envie de rire. « Voyons, pensait-elle, est-
ce qu'elle va aussi m'expliquer qu'Antoine ne rebouche
jamais son dentifrice ? » Elle n'éprouvait aucune jalousie, la cravate lui était apparue comme une vieille amie
de collège rencontrée par miracle au bas des Pyramides.
En même temps, elle pensait que Diane était d'une
grande beauté et qu'Antoine était vraiment curieux de

la délaisser pour elle. Elle se sentait objective et pers-
picace, bienveillante comme chaque fois d'ailleurs
qu'elle avait un peu trop bu.

« Il va falloir retourner là-bas, dit Diane. Je ne sais
pas pourquoi je me crois obligée de temps en temps
de donner des soirées. En tant que maîtresse de maison,
c'est exténuant. Et je ne crois pas que les gens s'y amu-
sent tellement.

— La soirée a l'air très gaie, dit Lucile, avec conviction. D'ailleurs Claire fait un peu la tête, ce qui est
toujours bon signe.

— Vous aviez remarqué ça ? (Diane sourit.) Je ne le
pensais pas. Vous avez toujours l'air un peu... euh...

— Brouillon, dit Lucile.

— Exact.

— Charles me l'a encore dit à sept heures. Je finirai
par le croire. »

Elles se mirent à rire et Lucile se sentit tout à coup
une certaine affection pour Diane. Dans ce petit milieu,
c'était sûrement une des rares femmes qui eût un peu
de distinction morale, elle ne lui avait jamais entendu
dire une platitude ou une grossièreté. Charles disait du
bien d'elle et il était extrêmement pointilleux sur une
certaine forme de bassesse, pourtant plus que répan-
due. C'était bien dommage qu'elle ne puisse s'en faire
une amie. Peut-être un jour, si Diane était vraiment
intelligente, tout pourrait-il s'arranger au mieux. Cet
optimisme aberrant lui semblait aussi un signe de sagesse, et seule, l'arrivée d'Antoine dans la pièce l'em-
pêcha de commencer avec Diane une explication qui
n'eût pu être que catastrophique.

« Destret vous cherche partout, dit Antoine. Il est furieux. »

Il regardait Diane et Lucile, troublé.

« Il doit penser que je suis jalouse et que je cherchais une preuve, pensa Diane, rassurée par l'évidente gaieté de Lucile. Pauvre Antoine... »

« Nous ne faisons rien de mal, je montrais l'appartement à Lucile qui ne le connaissait pas. »

Et Lucile, que l'air égaré d'Antoine amusait, se mit à rire avec elle. Elles avaient l'air complice et une colère masculine s'empara d'Antoine. « Comment, je sors des bras de l'une, je vais dormir avec l'autre et elles se moquent de moi ensemble. C'est le comble. »

« Qu'ai-je dit de si drôle ? dit-il.

— Mais rien, dit Diane. Vous semblez vous faire un souci immodéré pour les mauvaises humeurs de Destret qui est, vous le savez comme moi, perpétuellement furieux. Ça nous amuse, c'est tout. »

Elle passa devant et Lucile, adressant à Antoine une grimace dédaigneuse et outrée, la suivit. Il hésita un instant puis sourit. Elle lui avait dit : « Je t'aime pour de bon », deux heures plus tôt et il se rappelait sa voix pour le dire. Elle pouvait bien jouer les faraudes à présent.

Lucile, revenue au salon, se heurta à Johnny qui s'ennuyait et qui, de ce fait, se précipita vers elle, lui mit un verre à la main et l'entraîna à la fenêtre.

« Je vous adore, Lucile, dit-il, avec vous, au moins, je suis tranquille. Je sais que vous n'allez pas me dire ce que vous pensez de la dernière pièce parue, ni des mœurs des invités.

— Vous me dites cela chaque fois.

— Méfiez-vous, dit Johnny brusquement, vous avez
l'air insolemment heureuse. » *(abruptly)*

Elle passa la main sur son visage machinalement
comme si le bonheur eût été un masque qu'elle eût
oublié de décrocher. En effet, le même jour, elle avait
dit : « je t'aime » à quelqu'un qui lui avait répondu :
« moi aussi ». Cela était-il si évident ? Elle se sentit tout
à coup le point de mire de l'assemblée, elle crut voir
des regards se tourner vers elle, elle rougit. Elle but
d'un trait le scotch très peu dilué, que lui tendait Johnny.

« Je suis simplement de bonne humeur, dit-elle faiblement, et je trouve tous ces gens charmants. »

Et elle, qui se dépensait peu dans ce genre de soirées,
se mit brusquement en tête de se faire excuser cette
expression épanouie, comme certaines femmes laides
qui ne s'arrêtent pas de parler pour faire oublier leur
disgrâce. Lucile passait de groupe en groupe, aimable, confuse et tendre, allant même jusqu'à félici-
ter Claire Santré, ébahie de la perfection de sa robe.
Charles la suivait des yeux, intrigué, et il allait se
décider à l'emmener quand Diane le prit par le
bras :

« Charles, c'est la première belle soirée de printemps. Nous allons danser. Personne n'a envie de dormir, et je crois que Lucile en a moins envie que personne. »

Elle suivait Lucile des yeux avec une gentillesse amusée et Charles, qui connaissait sa jalousie et qui, de
plus, l'avait vue prendre Lucile à part, quelques minu-

tes, en fut brusquement rassuré. Lucile avait dû oublier
Antoine. Et tacitement, c'était une sorte de gala, de
fête en l'honneur de la paix que lui proposait Diane. Il
accepta.

Ils avaient rendez-vous dans une boîte de nuit. Charles et Lucile arrivèrent les premiers, ils dansèrent, ils
discutèrent gaiement car Lucile, sur sa lancée, parlait
comme une pie. Tout à coup, elle s'arrêta. Elle voyait
dans la porte, debout, un homme grand, un peu plus
grand que les autres, avec un costume bleu sombre et
les yeux jaunes. Elle connaissait par cœur le visage de
cet homme, chaque cicatrice sous le costume bleu sombre, et le dessin de ses épaules. Il vint vers eux, s'assit.
Diane se remaquillait en bas et il invita Lucile à danser. La pression de sa main sur son épaule, le contact
de sa paume contre la sienne et la distance curieuse, un
peu trop grande, qu'il maintenait entre sa joue et celle
de Lucile, distance qu'elle reconnaissait exactement
comme celle du désir, la troublaient à tel point qu'elle
arborait même une expression légèrement ennuyée des-
tinée à tromper un public qui ne la voyait même pas.
C'était la première fois qu'elle dansait avec Antoine et
c'était une de ces chansons sentimentales et balancées
que l'on jouait partout ce printemps-là.

Il la raccompagna à la table. Diane, revenue, dansait avec Charles. Ils s'assirent sur la banquette, assez
loin l'un de l'autre.

« Tu t'es bien amusée ? »

Il avait l'air furieux.

« Mais oui, dit Lucile étonnée, pas toi ?

— Pas du tout, dit-il. Je ne m'amuse pas dans ce

genre de réunions. Et, contrairement à toi, j'ai horreur
des situations fausses. »

En fait, il n'avait pu parler à Lucile de la soirée et
il avait envie d'elle. La pensée qu'elle partirait dans
quelques minutes avec Charles l'ulcérait. Il était en
proie à une de ces crises de vertu, d'exclusivité, que
donne si facilement le désir frustré.

« Tu es faite pour cette vie-là, dit-il.

— Et toi ?

— Moi pas. Il y a des hommes qui mettent leur virilité à naviguer entre deux femmes. Moi, ma virilité
m'empêche de les faire souffrir avec délectation.

— Si tu t'étais vu dans la chambre de Diane, s'exclama Lucile, tu avais l'air si penaud... »   *sheepish*

Elle se mit à rire :

« Ne ris pas, dit Antoine d'une voix contenue. Dans
dix minutes, tu seras dans les bras de Charles ou seule,
en tout cas loin de moi...

— Mais demain...

— J'en ai assez des « demains », dit-il. Il faut te le
mettre dans la tête. »

Lucile se tut. Elle essaya de prendre l'air grave mais
n'y parvint pas. L'alcool la rendait euphorique. Un garçon inconnu vint l'inviter à danser, Antoine le renvoya
d'une voix sèche et elle lui en voulut. Elle aurait volontiers dansé, parlé ou même fui avec un tiers, elle ne
se sentait plus tenue de rien, sinon de s'amuser.

« J'ai un peu trop bu, dit-elle plaintivement.

— Cela se voit, dit Antoine.   *drinks*

— Tu aurais peut-être dû en faire autant, dit-elle.
Tu n'es pas amusant. »

C'était la première fois qu'ils se disputaient. Elle jeta un coup d'œil vers ce profil buté, enfantin et s'attendrit :

« Antoine, tu sais bien...

— Oui, oui, que tu m'aimes pour de bon. »

Et il se leva. Diane revenait à leur table. Charles semblait fatigué. Il jeta un regard implorant vers Lucile et pria Diane de les excuser : il devait se lever tôt le lendemain et cet endroit était vraiment trop bruyant pour lui. Lucile ne protesta pas et le suivit. Mais dans la voiture, pour la première fois depuis qu'elle le connaissait, elle se sentit prisonnière.

XII

DIANE se démaquillait dans la salle de bain. Antoine avait allumé le pick-up et assis par terre écoutait, sans l'entendre, un concerto de Beethoven. Diane le voyait dans la glace et souriait. Antoine s'asseyait toujours devant le pick-up comme devant une statue païenne ou un feu de bois; elle avait beau lui expliquer que le son venait des haut-parleurs perfectionnés placés de chaque côté de la chambre et que ceux-ci relançaient chaque note exactement au milieu, à la hauteur de son lit, il s'installait devant le pick-up, comme fasciné par la rotation noire et luisante du disque. Elle enleva soigneusement son maquillage de jour, puis appliqua son maquillage de nuit si bien étudié pour cacher les rides sans les approfondir. Il n'était pas plus question de laisser respirer sa peau (comme le préconisaient les magazines féminins) que de laisser respirer son cœur. Elle n'en avait plus le temps. Elle considérait sa beauté comme essentielle pour conserver Antoine et, de ce fait, elle ne la ménageait pas pour un futur sans intérêt. Certaines natures, les plus généreuses d'ailleurs, ne cultivent que le provisoire et brûlent le reste. Diane en faisait partie.

Antoine, raidi, écoutait les bruits (légers) dans la salle de bain. Le déchirement des Kleenex, le crissement de la brosse à cheveux couvraient largement pour lui les violons et les cuivres du concerto. Dans cinq minutes, il devrait se lever, se déshabiller et glisser dans ces draps si fins, près de cette femme si soignée, dans cette chambre si belle. Or il avait envie de Lucile. Lucile venait chez lui, tombait sur le lit bancal de la propriétaire, Lucile se déshabillait à la hâte, Lucile disparaissait de même, elle était son insaisissable, sa voleuse, son invitée. Elle ne s'installait pas, elle ne s'installerait jamais, il ne se réveillerait jamais près d'elle, elle serait toujours de passage. De plus, il avait gâché sa soirée et il se sentait la gorge serrée, le désespoir d'un adolescent.

Diane rentra dans son (déshabillé) bleu, considéra un instant ce dos tourné, cette nuque raide, blonde, qu'elle se défendait de trouver hostiles. Elle était fatiguée, elle avait exceptionnellement un peu (bu,) elle était de bonne humeur. Elle avait envie qu'Antoine lui parle, qu'il rie avec elle, qu'il lui raconte son enfance, sans arrière-pensée. Elle ignorait qu'il était justement obsédé par cette arrière-pensée, par l'obligation morale de lui faire l'amour et que, dans son injustice, il la croyait incapable de désirer autre chose de lui. Aussi, quand elle s'assit près de lui et passa son bras sous le (sien,) d'un geste amical, il pensa : « Oui, oui, une seconde », avec une (muflerie) mentale très inhabituelle chez lui. Car même dans ses pires liaisons, il avait toujours observé un certain respect de l'amour et comme une minute de (recueil-lement) avant de poser la main sur quelqu'un.

« J'aime ce concerto, dit Diane.

— Il est très beau, dit Antoine, sur le ton poli des
gens qu'on dérange sur la plage, en leur faisant remarquer le bleu de la Méditerranée.

— La soirée était assez réussie, non ?

— Un vrai feu d'artifice », dit Antoine et il s'étendit
sur la moquette, renversé, les yeux clos.

Il semblait immense ainsi, et à jamais solitaire. Il
entendait encore sa propre intonation, sarcastique et
méchante, il se détestait. Diane restait immobile,
« belle, vieille et fardée ». Où avait-il lu ça ? Dans le
journal de Pepys.

« Tu t'es beaucoup ennuyé ? »

Elle s'était relevée, elle marchait dans la chambre,
redressait une fleur dans un vase, caressait un meuble
de la main. Il l'observait entre ses cils. Elle aimait les
objets, elle aimait ces fichus objets, il en faisait partie,
il était une pièce maîtresse de son luxe, il était un jeune
homme entretenu. Pas vraiment, non, bien sûr, mais il
dînait chez « ses amis », il dormait dans « son appartement », il vivait « sa vie ». Il avait beau jeu de juger
Lucile. Au moins Lucile était une femme.

« Tu ne réponds pas ? Tu t'es tellement ennuyé ? »

Sa voix. Ses questions. Son déshabillé. Son parfum. Il
n'en pouvait plus. Il se retourna sur le ventre, la tête
dans les bras. Elle s'agenouilla près de lui.

« Antoine... Antoine... »

Il y avait une telle désolation, une telle tendresse
dans sa voix qu'il se retourna. Elle avait les yeux un
peu trop brillants. Ils se fixèrent et il se détourna, l'attira vers lui. Elle eut un geste gauche, peureux, pour

s'étendre à ses côtés comme si elle eût craint de cra-
quer, comme si elle eût été la proie de quelque rhuma-
tisme. Et à force de ne pas l'aimer, il eut envie d'elle.

Charles était parti pour New York, seul, et son voyage
s'était réduit à quatre jours. Lucile se promenait dans
les rues bleuissantes de Paris, en voiture découverte;
elle attendait l'été, elle le reconnaissait à chaque parfum, à chaque reflet sur la Seine, elle devinait déjà
cette odeur de poussière, d'arbres et de terre qui en-
vahirait bientôt le boulevard Saint-Germain, la nuit
avec les grands marronniers découpant le ciel rose, le
cachant presque; et les réverbères toujours trop tôt
allumés, humiliés dans leur orgueil professionnel lorsqu'ils passaient du rôle de guides précieux l'hiver à celui de demi-parasites l'été — coincés entre un jour qui
n'en finissait pas de tomber et l'aube qui piaffait déjà
dans le ciel de l'envie de s'y étendre. Le premier soir,
elle traîna à Saint-Germain-des-Prés, y rencontra des
amis de Faculté, des amis d'après, qui l'accueillirent à
grands cris comme une revenante, ce qu'elle se sentit
rapidement. Une fois évoqués quelques plaisanteries,
quelques souvenirs, elle se rendit compte qu'ils étaient
en puissance de métier, de soucis matériels, de petites
amies et que son insouciance à elle les agaçait plus
qu'elle ne les distrayait. On passait le mur de l'argent
comme celui du son. Toute· parole prononcée ensuite
n'arrivait que quelques secondes plus tard, trop tard,
à l'interlocuteur.

Elle refusa de dîner avec eux au bon vieux bistrot de
la rue Cujas, elle rentra chez elle à huit heures et demie,

un peu (déprimée.) Pauline, approbatrice, lui fit cuire un
steak dans la cuisine et elle s'allongea sur son lit, la
fenêtre grande ouverte. Le jour diminuait rapidement
sur le (tapis,) les bruits de la rue (s'estompaient) et elle se
souvint d'avoir été réveillée par le vent, deux mois
plus tôt. Non pas un vent languissant et installé comme
celui-là, mais un vent audacieux, rapide, plein d'ala-
crité qui l'avait obligée à se réveiller comme celui-ci
la poussait à s'endormir. Entre eux deux, il y avait eu
Antoine; et la vie. Elle devait dîner avec lui le lendemain. Seuls, pour la première fois. Et cela l'inquié-
tait. Enfin, elle avait plus peur que quelqu'un ne s'ennuie avec elle que du contraire. Mais, d'une autre
façon, elle se sentait si comblée par la vie, elle éprouvait une telle douceur, allongée sur ce lit et peu à peu
cernée par l'ombre, elle approuvait tellement l'idée que
la terre fût ronde et la vie complexe qu'il lui semblait
que rien ne pourrait lui arriver de mal par rien.

　　Il y a des moments de bonheur parfait, quelquefois
dans la solitude dont le souvenir, plus que celui de
n'importe qui d'extérieur, peut, en cas de crise, vous
sauver du désespoir. Car on sait qu'on a été heureux,
seul et sans raison. On sait que c'est possible. Et le bonheur — qui vous semble si lié à quelqu'un lorsqu'on
est malheureux par lui, si irrévocablement, organique-
ment presque, dépendant de lui — vous réapparaît
comme une chose lisse, ronde, intacte et à jamais libre, à votre merci (lointaine, bien sûr, mais forcément
possible). Et ce souvenir est plus réconfortant que celui d'un bonheur partagé avant, avec quelqu'un d'autre, car ce quelqu'un d'autre, ne l'aimant plus, vous

apparaît comme une erreur et ce souvenir heureux
basé sur rien.

Elle devait passer chez Antoine à six heures, le lendemain. Ils prendraient la voiture de Lucile et iraient
dîner à la campagne. Ils auraient toute la nuit pour
eux. Elle s'endormit en souriant.

Le gravier crissait sous le pied des garçons, des chau-
ves-souris rôdaient autour des lampes sur la terrasse
et un couple congestionné avalait sans dire un mot
une omelette flambée à la table voisine. Ils étaient
à quinze kilomètres de Paris, il faisait un peu frais et la
patronne avait posé un châle sur les épaules de Lucile.
C'était une de ces mille petites auberges qui offrent
une chance plus ou moins sûre de discrétion et de bon
air aux Parisiens adultères ou fatigués. Antoine était
décoiffé par le vent, il riait. Lucile lui racontait son
enfance, une enfance heureuse.

« ... Mon père était notaire. Il avait une passion pour
La Fontaine. Il se promenait au bord de l'Indre en réci-
tant des fables. Après, il en écrivait lui-même en chan-
geant les rôles, bien sûr. Je suis sûrement une des
rares femmes de France qui sache par cœur une fable
intitulée *L'Agneau et le Corbeau.* Tu as de la chance.

— J'ai beaucoup de chance, dit Antoine. Je le sais.
Continue.

— Il est mort quand j'avais douze ans et mon frère
a été frappé par la poliomyélite. Il est encore assis dans
un fauteuil. Ma mère s'est prise d'une passion dévo-
rante pour lui, bien sûr. Elle ne le quitte pas. Elle m'a
un peu oubliée, je crois. »

Elle se (tut.) En arrivant à Paris, elle avait envoyé de
l'argent à sa mère, tous les mois, difficilement. Depuis
deux ans, c'était Charles qui le faisait, sans jamais lui
en parler.

« Moi, mes parents (se haïssaient,) dit Antoine. Ils ne
divorçaient pas pour que j'aie (un foyer.) Je t'assure que
j'aurais préféré en avoir deux. »

Il sourit, il tendit la main à travers la table, serra
celle de Lucile.

« Tu te rends compte ? Nous avons toute la soirée,
toute la nuit.

— On va rentrer doucement à Paris, la capote baissée. Tu iras très doucement parce qu'il fait froid.
Je t'allumerai tes cigarettes pour que tu ne lâches pas
le (volant.)

— Nous irons doucement parce que c'est toi. Nous
irons danser. Puis, nous rentrerons dans notre lit et
demain matin, tu (sauras) enfin si je prends du café, ou
du thé, et combien de sucre.

— Danser ? Nous allons tomber sur tout le monde.

— Et alors, dit Antoine sèchement, tu ne penses pas
que je vais passer ma vie à me cacher ? »

Elle ne répondit pas, baissa les yeux.

« Il va (falloir) que tu prennes une décision, dit Antoine avec (douceur) mais pas ce soir, ne t'inquiète pas. »

Elle releva la tête, si visiblement soulagée qu'il ne
put s'empêcher de rire :

« Je sais déjà que le moindre délai t'enchante. Tu
ne vis que dans l'instant, n'est-ce pas ? »

Elle ne répondit pas. Elle était parfaitement bien
avec lui, parfaitement naturelle, il lui donnait envie

de rire, de parler, de faire l'amour, il lui donnait tout
et cela lui faisait un peu peur.

Elle se réveilla tôt, le lendemain, ouvrit des yeux
égarés sur la chambre en désordre et sur le bras long,
semé de poils blonds, qui l'empêchait de bouger. Aussitôt, elle referma les yeux, se retourna sur le ventre,
sourit. Elle était près d'Antoine, elle savait ce que voulait dire l'expression « passer une nuit d'amour ». Ils
avaient été danser et ils n'avaient rencontré personne.
Ils étaient rentrés chez lui et ils avaient parlé, fait
l'amour, fumé, parlé, fait l'amour jusqu'à ce que le
grand jour les découvre sur le lit, ivres de paroles et de
gestes dans cette grande paix exténuée que donne l'ex-
cès. Ils avaient cru un peu mourir cette nuit, dans leur
acharnement, et le sommeil était arrivé comme un
miraculeux radeau sur lequel ils s'étaient hissés, éten-
dus, avant de s'évanouir, se tenant légèrement par la
main, quand même, en dernière complicité. Elle regardait le profil détourné d'Antoine, son cou, la barbe qui
poussait sur ses joues, le cerne bleu sous ses yeux et il
lui semblait inconcevable qu'elle eût pu jamais s'éveil-
ler ailleurs qu'à ses côtés. Elle aimait qu'il fût si nonchalant, si rêveur le jour et si violent, si précis la nuit.
Comme si l'amour réveillait en lui un païen insouciant
dont la seule loi, inflexible, eût été celle du plaisir.

Il tourna la tête vers elle, ouvrit les yeux, posa sur
elle ce regard de nouveau-né, mi-hésitant, mi-étonné,
qu'ont les hommes au réveil. Il la reconnut, sourit et
se retourna vers elle. Sa tête lourde et chaude de sommeil pesait sur l'épaule de Lucile, elle regardait en sou-

riant les grands pieds d'Antoine émerger des draps
emmêlés à l'autre bout du lit. Il soupira, marmonna
quelque chose d'un ton plaintif.

« Tu as les yeux jaune clair le matin, c'est incroya-
ble, dit-elle. On dirait de la bière.

— Quelle poétesse », dit-il.

Il se redressa brusquement, attrapa le visage de
Lucile, le tourna vers la lumière.

« Les tiens sont presque bleus.

— Non, ils sont gris. Gris-vert.

— Fanfaronne. »

Ils étaient face à face, assis dans le lit, nus. Il tenait
toujours son visage, l'air scrutateur et ils se souriaient.
Il avait les épaules très larges, osseuses, et elle échappa
à sa main, appuya sa joue contre le torse d'Antoine.
Elle entendait son cœur battre très fort, aussi fort que
le sien.

« Ton cœur bat très fort, dit-elle. C'est la fatigue ?

— Non, dit Antoine, c'est la chamade.

— Qu'est-ce que c'est exactement que la chamade ?

— Tu regarderas dans le dictionnaire. Je n'ai pas le
temps de t'expliquer maintenant. »

Et il l'allongea doucement en travers du lit. Dehors,
il faisait grand jour.

A midi, Antoine téléphona à son bureau, expliqua
qu'il avait la fièvre mais qu'il viendrait l'après-midi.

« Je sais bien, dit-il, que ça fait écolier, mais il n'est
pas question que je me fasse jeter dehors. C'est mon
gagne-pain, comme on dit.

— Tu gagnes beaucoup d'argent ? demanda Lucile
nonchalamment.

— Très peu, dit-il sur le même ton. Tu trouves ça important ? »

Elle se mit à rire :

« Non, je trouve l'argent commode, c'est tout.

— Commode au point d'être important ?... »

Elle s'étonna, le regarda :

« Pourquoi toutes ces questions ?

— Parce que j'ai l'intention de vivre avec toi, donc de te faire vivre... »

— Je te demande pardon, coupa Lucile très vite, je peux gagner ma vie. J'ai travaillé un an à *L'Appel*, un journal aujourd'hui disparu. C'était amusant, sauf que tout le monde était horriblement sérieux et prêcheur et que... »

Antoine étendit la main, la bâillonna.

« Tu m'as bien entendu. Je veux vivre avec toi, ou ne plus te voir. Je vis ici, je gagne peu d'argent, je ne peux en aucun cas te faire mener la vie que tu mènes actuellement. Tu m'entends ?

— Mais, Charles ? dit Lucile faiblement.

— Charles ou moi, dit Antoine. Il rentre demain, n'est-ce pas ? Demain soir, tu viens ici pour de bon ou nous ne nous voyons plus. Voilà. »

Il se leva, passa dans la salle de bain. Lucile se rongeait les ongles, elle essayait de réfléchir, sans y parvenir. Elle s'étira, ferma les yeux. Cela devait arriver, elle savait que cela devait arriver, les hommes étaient horriblement fatigants. D'ici après-demain, elle devrait prendre une décision et c'était un des mots de la langue française qui lui faisaient le plus horreur.

XIII

¹ flooded ². Warlow panes.

ORLY était (inondé) d'un soleil froid qui se reflétait dans les (vitres) sur les dos argentés des avions, sur les (flaques) de la piste en mille éclats brillants et gris, (éblouissants) pour les yeux. L'avion de Charles avait deux heures de retard et Lucile errait nerveusement dans le grand hall. S'il arrivait quelque chose à Charles, elle ne le supporterait pas, ce serait sa faute, elle avait refusé de partir avec lui, elle l'avait (trompé.) Et le visage décidé et triste qu'elle arborait deux heures plus tôt, visage destiné à prévenir Charles, avant même qu'elle ne lui parle, que quelque chose n'allait pas, se transformait, sans qu'elle le sût, en un visage angoissé et tendre. C'est ce visage-là qu'il vit en franchissant le poste de douane et il lui adressa un sourire (chaleureux,) rassurant qui fit monter les larmes aux yeux de Lucile. Il se dirigea vers elle, l'embrassa tendrement, la garda un instant contre lui et Lucile vit une jeune femme lui lancer un vilain regard de jalousie. Elle oubliait toujours que Charles était bel homme, tant sa tendresse pour elle était exclusive. Il l'aimait pour ce qu'elle était, il ne lui demandait aucun compte, il n'exigeait

4. dazzled · 5. unfaithful

rien d'elle et elle se sentit une bouffée de rancune contre Antoine. Il était facile de parler de choix, de rupture comme si on pouvait vivre deux ans avec un être humain sans s'y attacher. Elle prit la main de Charles, la garda. Il lui semblait qu'elle devait le défendre, elle ne se rappelait plus que c'était contre elle-même.

« Je me suis beaucoup ennuyé sans vous », dit Charles. Il souriait, réglait le porteur, indiquait ses valises au chauffeur avec son aisance habituelle. Elle n'avait pas remarqué depuis longtemps combien tout était simple, facile avec lui. Il lui ouvrait la portière, faisait le tour de la voiture, s'installait près d'elle, reprenait sa main, presque timidement, disait « à la maison » avec la voix joyeuse d'un homme heureux de rentrer. Elle se sentait prise au piège.

« Pourquoi vous êtes-vous ennuyé de moi, que me trouvez-vous encore ? »

Sa voix était désespérée mais Charles sourit comme à une coquetterie :

« Je vous trouve tout, vous le savez bien.

— Je ne le mérite pas, dit-elle.

— La notion de mérite, vous savez, dans les sentiments... Je vous ai rapporté un très joli cadeau de New York.

— Qu'est-ce que c'est ? »

Il ne voulut pas le lui dire et ils se disputèrent tendrement jusqu'à l'appartement. Pauline poussa des cris de soulagement en les voyant car tout voyage en avion lui semblait un péril mortel et ils déballèrent ensemble les valises de Charles. Il lui avait rapporté un man-

teau de vison clair, du même gris que ses yeux, soyeux
et doux et il riait comme un enfant tandis qu'elle
l'essayait. L'après-midi, elle téléphona à Antoine, lui
dit qu'elle devait le voir, qu'elle n'avait pas eu le courage de parler à Charles.

« Je ne te reverrai pas avant », dit Antoine et il raccrocha.

Il avait une drôle de voix.

Pendant quatre jours, elle ne le vit pas et, sous le
coup de la colère, n'en souffrit pas. Elle lui en voulait
d'avoir raccroché si brutalement. Elle détestait toute
forme de grossièreté. Enfin, elle était presque sûre qu'il
la rappellerait. Ils s'étaient trop liés cette nuit-là, ils
étaient allés trop loin ensemble dans l'amour, ils étaient
devenus les deux servants d'un même culte et ce culte
existait à présent en dehors d'eux, quels que soient les
caprices de l'un ou de l'autre. L'esprit d'Antoine pouvait bien lui être hostile, son corps était à présent l'ami
du sien, avait besoin du sien pour se sentir complet, le
regrettait. Leurs corps étaient comme deux chevaux
amis, séparés momentanément par la brouille de leurs
maîtres mais qui finiraient par repartir ensemble, au
grand galop, dans les paysages ensoleillés du plaisir.
Le contraire lui semblait impossible, elle n'imaginait
pas qu'on puisse résister à ses désirs, elle n'en avait
jamais compris, ni la nécessité ni la justification. Et
dans cette France louis-philipparde, geignarde, elle distinguait mal une meilleure morale que celle procurée
par un sang vif et chaud.

Elle en voulait surtout à Antoine de ne pas l'avoir
laissée s'expliquer. Elle lui aurait raconté le retard

de l'avion, son angoisse, elle lui aurait prouvé sa bonne
foi. Sans doute, elle aurait pu conserver sa décision et
l'exprimer à Charles le soir. Mais elle avait eu tant de
mal à se décider, elle s'était tellement efforcée de se
mettre dans cette situation dramatique de rupture que
l'échec de sa tentative lui semblait un signe cabalisti-
que. Une certaine mauvaise foi rend facilement supers-
titieux. En attendant, Antoine ne téléphonait pas et
elle s'ennuyait.

L'été arrivait, les soirées commencèrent à se donner
en plein air et Charles l'emmena à un dîner quelconque, au Pré-Catelan. Antoine et Diane étaient au centre d'un groupe très animé, sous un arbre, et Lucile
entendit le rire d'Antoine avant de le voir. Elle pensa
très vite : « Tiens, il rit sans moi », mais un mouvement de joie l'emporta quand même vers lui. Elle lui
tendit la main en souriant, mais il ne lui rendit pas son
sourire, s'inclina très vite, se détourna. Alors le Pré-
Catelan illuminé et verdoyant devint lugubre et elle
vit brusquement la futilité des gens, leur indigence,
l'ennui désespéré de cet endroit, de ce milieu, de sa
propre vie. S'il n'y avait pas Antoine, ses yeux jaunes, sa
chambre et les quelques heures de vérité qu'elle passait dans ses bras trois fois par semaine, chaque détail
de ce monde agité et confus, plutôt gai, deviendrait
l'affreuse invention d'un décorateur peu doué. Claire
Santré lui parut bien hideuse, Johnny ridicule, et Diane
à demi morte. Elle recula.

« Lucile, appela Diane de sa voix impérieuse, ne
fuyez pas ainsi. Vous avez une bien jolie robe. »

Diane aimait beaucoup à présent prodiguer des ama-

bilités à Lucile. Elle pensait ainsi prouver sa parfaite
sécurité. Mais cela faisait sourire Johnny et surtout
Claire à laquelle il avait fini par tout « avouer ». Bien
entendu, le petit cercle avait été mis au courant et
c'était maintenant, à l'instant précis où Lucile et Antoine se tenaient indécis et pâles, tourmentés, l'un près
de l'autre, qu'on leur jetait de ces regards mi-envieux,
mi-ironiques que l'on réserve aux nouveaux amants.
Lucile s'approcha :

« J'ai cette robe depuis hier, dit-elle machinalement, mais je crains qu'il ne fasse un peu froid, ce soir.

— Il est moins facile d'attraper une bronchite avec
cette robe qu'avec celle de Coco Dourede, dit Johnny.
Jamais vu si peu de tissu sur une si grande surface. En
plus, elle m'a dit que ça se lavait comme un mouchoir.
Ça doit même prendre moins de temps. »

Lucile jeta un coup d'œil vers Coco Dourede qui se
promenait, en effet, demi-nue sous les guirlandes élec-
triques. Une profonde, délicieuse odeur de terre
mouillée montait du bois de Boulogne.

« Vous n'avez pas l'air bien gaie, ma petite Lucile »,
dit Claire.

Ses yeux brillaient. Sa main était posée sur le bras
de Johnny qui la surveillait aussi. Diane, intriguée par
son silence, la regarda. « Mais ce sont des chiens, pensa
Lucile, des chiens, ils me mettraient en pièces s'ils pouvaient avec leur curiosité. » Elle sourit faiblement :

« J'ai vraiment froid. Je vais demander mon manteau à Charles.

— J'y vais, dit Johnny. Le jeune homme du vestiaire est superbe. »

Il revint en courant. Depuis son arrivée, elle n'avait plus regardé Antoine, elle le voyait de profil, comme certains oiseaux.

« Mais c'est un nouveau manteau, s'exclama Claire... c'est divin, ce gris pastel, je ne vous l'avais jamais vu.

— Charles me l'a rapporté de New York », dit-elle.

Et à ce moment-là, elle croisa le regard d'Antoine et ce qu'elle y lut lui donna envie de le gifler. Elle fit brusquement demi-tour et s'éloigna.

« Les visons me rendaient plus épanouie, dans mon jeune temps », dit Claire.

Mais Diane fronçait les sourcils. Antoine, près d'elle, avait pris ce qu'elle appelait son air d'aveugle. Immobile, le visage vide.

« Trouvez-moi un whisky » dit-elle.

N'osant pas lui poser de questions, elle lui donnait des ordres. Cela la consolait un peu.

Ils ne firent pas un pas vers l'autre de toute la soirée. Mais, vers minuit, ils se retrouvèrent seuls à chaque bout d'une table, tout le monde étant allé danser. Il ne pouvait, sans grossièreté, ne pas la rejoindre et il ne voulait pas l'avoir contre lui. Ce qu'il avait souffert depuis deux jours l'écrasait. Il l'avait imaginée dans les bras de Charles, l'embrassant, lui disant ce qu'elle lui disait à lui. Il l'avait surtout imaginée avec un certain visage, visage offert et cependant, refermé sur un violent secret, visage qu'il avait obtenu d'elle et qui était désormais sa seule ambition. Il était mortellement jaloux de cette femme. Il fit le tour de la table, s'assit près d'elle.

Elle ne le regardait pas et, subitement, il craqua, se pencha en avant. Ce n'était pas possible, ce n'était pas supportable, cette étrangère distraite qui avait été nue, près de lui, au soleil, il n'y avait pas une semaine.

« Lucile, dit-il, que fais-tu de nous ?

— Et toi ? dit-elle. Tu as un caprice et il faut que je rompe dans les vingt-quatre heures. Ce n'était pas possible. »

Elle se sentait parfaitement désespérée et parfaitement tranquille. Vidée.

« Ce n'est pas un caprice, dit-il d'une voix hâchée. Je suis jaloux. Je n'y peux rien. Je ne peux plus supporter de mentir, ça me tue. Je t'assure. L'idée que... que... »

Il s'arrêta, passa la main sur son visage, continua :

« Dis-moi, depuis que Charles est rentré, est-ce que tu, est-ce que vous... »

Elle se tourna vers lui, violemment :

« Si j'ai couché avec lui ? Bien entendu. Il m'a rapporté un vison, non ?

— Tu ne penses pas ce que tu dis, dit-il.

— Non. Mais toi, tu l'as pensé. Je l'ai vu sur ton visage tout à l'heure. Je te déteste pour cela. »

Un couple revenait et Antoine se leva très vite.

« Viens danser, dit-il. Il faut que je te parle.

— Non, dit-elle. Ce que je t'ai dit est vrai, non ?

— Peut-être... on peut avoir de mauvais réflexes.

— Mais pas des réflexes vulgaires », dit-elle et elle se détourna de lui.

« Elle me met dans mon tort, pensa-t-il, elle me trompe et elle me met dans mon tort. » Une bouffée de colère l'envahit, il attrapa son poignet et l'attira vers lui d'un geste si brusque que des têtes se tournè-rent.

« Viens danser. »

Elle résistait, elle avait des larmes de colère et de douleur dans les yeux.

« Je n'ai pas envie de danser. »

Antoine se sentait prisonnier de lui-même, aussi in-capable de la lâcher que de l'entraîner de force. En même temps, il était fasciné par ses larmes, il pensait très vite : « Je ne l'ai jamais vue pleurer, comme j'ai-merais qu'elle pleure contre moi d'un vieux chagrin d'enfance, la nuit, j'aimerais tant la consoler. »

« Lâche-moi, Antoine », dit-elle à voix basse.

Cela devenait grotesque. Il était bien plus fort qu'elle, elle était à demi soulevée de sa chaise et incapable de sourire bêtement, nonchalamment, comme à une plai-santerie. On les regardait. Il était fou, fou et méchant, il lui faisait peur, il lui plaisait encore.

« C'est ce qu'on nomme la valse hésitation », dit Charles dans le dos d'Antoine.

Antoine lâcha Lucile brusquement et se retourna. Il allait donner un grand coup de poing à ce vieux type et quitter à jamais tous ces gens. Mais près de Charles, il y avait Diane, souriante, impeccable, un peu intri-guée, semblait-il, lointaine.

« Vous voulez faire danser Lucile de force ?

— Oui », dit-il en la fixant. Il allait la quitter, ce soir, il s'en rendait compte et un grand calme refluait en lui. Une grande pitié aussi. Elle comptait si peu dans cette affaire, elle ne l'avait jamais intéressé.

« Vous n'êtes pourtant pas un yé-yé, dit-elle, vous avez passé l'âge. »

Déjà, elle s'asseyait à la table. Déjà, Charles se penchait vers Lucile et lui demandait en souriant, mais le visage dur, ce qui s'était passé. Lucile souriait à son tour, elle devait répondre n'importe quoi, elle ne manquait pas d'imagination. Tout le monde ici, d'ailleurs, débordait d'imagination pour se tirer d'un mauvais pas, pour dissimuler, nourrir, entretenir ses petits secrets. Tout le monde, sauf lui, Antoine. Il hésita, fit un demi-tour curieux, comme un entrechat, et partit à grands pas.

XIV

Il pleuvait dehors, elle entendait les gouttes s'écraser sur le trottoir, ce devait être une de ces pluies d'été, mélancoliques et molles, qui semblent plus le fait d'un jardinier désœuvré que de la fureur des éléments. Le jour filtrait déjà sur le tapis, elle était couchée dans son lit, elle ne pouvait pas dormir. Son cœur battait, elle le sentait s'agiter, envoyer son sang en pulsations frénétiques dans toutes les extrémités de son corps, elle sentait s'alourdir le bout de ses doigts, et sauter la veine bleue qui traversait sa tempe à gauche comme une flèche. Elle ne pouvait pas calmer ce cœur, elle le subissait avec un mélange d'ironie et de désespoir, depuis bientôt deux heures. Depuis qu'ils étaient rentrés du Pré-Catelan, peu après qu'elle se fut retournée pour constater la disparition d'Antoine, la pâleur de Diane et la réjouissance générale devant ce petit scandale.

Elle n'était plus en colère, elle se demandait même ce qui l'avait motivée. Le regard d'Antoine, lors de l'incident du manteau, lui avait semblé insultant. Il semblait inclure qu'elle était vénale. Mais, en un sens, ne l'était-elle pas ? Elle était à la charge de Charles et sensible à ses cadeaux qu'elle acceptait — sans doute plus que l'intention que pour le prix — mais qu'elle acceptait. Elle ne pouvait le nier, et, d'ailleurs, n'y pensait pas, tant il lui semblait naturel d'être entretenue par un homme qui en avait les moyens et que, de plus, elle estimait. Simplement, Antoine avait fait une erreur énorme d'interprétation : il avait pensé qu'elle restait avec Charles pour cela, qu'elle renonçait à lui pour cela, il l'avait crue capable de ce genre de calculs, il l'avait jugée et, sans doute, méprisée. Elle savait déjà que la jalousie conduit presque irrésistiblement à des raisonnements, des actes, des jugements bas mais elle ne pouvait supporter cela d'Antoine, si jaloux fût-il. Elle croyait en lui, en une sorte de parenté entre eux, de complicité morale et il lui semblait avoir reçu, par sa faute, un coup bas.

Que pouvait-elle lui dire ? « Bien sûr, Charles m'a rapporté ce manteau et cela m'a fait plaisir. Bien sûr, j'ai partagé son lit depuis qu'il est rentré comme cela nous arrive de temps en temps. Bien sûr, cela n'a rien à voir avec ce qui se passe entre toi et moi, dans ce domaine, car cela, c'est la passion et la passion ne ressemble à rien d'autre. Mon corps n'a d'imagination, d'intelligence qu'avec le tien et tu devrais le savoir. » Mais il ne la comprenait pas. C'était un lieu commun mille fois entendu et mille fois vérifié que les hommes ne comprenaient pas ce genre de choses chez une femme. Elle se sentait tomber dans une philosophie de suffragette, elle s'agaçait. « Est-ce que je lui parle de ses rapports avec Diane, je ne suis pas jalouse, suis-je un monstre pour cela ? Et si je suis un monstre, que puis-je y changer, rien. » Mais si elle ne changeait pas, elle perdrait Antoine et cette pensée la faisait grelotter, se

retourner dans son lit comme un poisson sur l'herbe.
Il était quatre heures du matin.

Charles entra dans la chambre. Il s'assit doucement
sur le lit, les traits tirés. Dans la lumière crue de l'aube,
il faisait vraiment cinquante ans et la robe de chambre en foulard, un peu sportive, qu'il arborait, n'ar-
rangeait rien. Il mit la main sur l'épaule de Lucile et
resta immobile un instant.

« Vous ne dormiez pas non plus ? »

Elle esquissa un mouvement de dénégation, essaya
de sourire, d'accuser la cuisine du Pré-Catelan. Mais
elle n'en avait plus la force. Elle referma les yeux.

« Peut-être devrions-nous... commença Charles... (Il
s'arrêta puis reprit d'une voix plus ferme :) Pourriez-
vous partir ? Seule ou avec moi, dans le Midi ? La mer
vous guérit de tout, me disiez-vous toujours. »

Elle ne lui demanda pas à quelle guérison il faisait
allusion, ce n'était pas la peine et quelque chose dans
l'interrogation de Charles le lui signalait.

« Le Midi, reprit-elle, d'une voix rêveuse... le Midi ?... »

Et sous ses paupières obstinément closes, elle vit se
précipiter la mer sur la plage, elle vit la couleur du
sable, le soir, lorsque le soleil l'abandonne. Tout ce
qu'elle aimait. Tout ce qui lui manquait, sans doute.

« Je partirai avec vous dès que vous le pourrez »,
dit-elle. Elle rouvrit les yeux pour le regarder mais il
détournait la tête. Elle s'en étonna un instant avant de
sentir, avec une sorte d'horreur, la chaleur de ses propres
larmes sur sa joue.

Il n'y a pas grand monde sur la Côte d'Azur début

mai et le seul restaurant ouvert, comme l'hôtel, comme
la plage, leur appartenait. Au bout de huit jours, Charles se reprit à espérer. Lucile passait des heures au
soleil, des heures dans l'eau, lisait beaucoup, parlait
avec lui de ses lectures, avalait des poissons grillés, jouait
aux cartes avec les quelques couples sur la plage, semblait heureuse. En tout cas, contente. Simplement, elle
buvait beaucoup le soir et elle avait fait l'amour avec
lui une nuit d'une manière violente, presque agressive
qu'il ne lui connaissait pas. Il ne savait pas que tous
ses actes relevaient d'un espoir, celui de revoir Antoine. Elle se bronzait pour lui plaire, elle se nourrissait
pour ne pas lui paraître famélique, elle lisait les livres
publiés par sa maison d'éditions pour pouvoir lui en
parler; elle buvait pour l'oublier et pouvoir dormir.
Cet espoir, bien sûr, elle ne se l'avouait pas, elle vivait comme un animal résigné à être coupé en deux
mais, parfois, justement quand elle avait une seconde
d'inattention, quand elle cessait de se cramponner
désespérément aux éléments, quand elle oubliait de
constater la chaleur du soleil, la fraîcheur de l'eau,
la douceur du sable, le souvenir d'Antoine tombait
sur elle comme un caillou, et elle le subissait avec un
mélange de bonheur et de désespoir, les bras en croix
sur la plage, crucifiée, non pas aux paumes par des clous,
mais au cœur par les terribles dards de la mémoire.
Elle s'étonnait alors de sentir son cœur se retourner, se
vider sous le choc, devenir à la fois vide et affreusement
encombrant. Que lui importaient ce soleil, cette mer, et
même le bien-être purement physique de son corps, que
lui importait ce qui, autrefois, suffisait si bien à son bon-

heur puisqu'Antoine n'était pas là pour le partager avec
elle. Elle aurait pu nager avec lui, s'accrocher à ses cheveux blonds, trempés, que la mer eût blondis encore, elle
aurait pu l'embrasser entre deux vagues, l'aimer dans
les dunes derrière les cahutes encore désertes, à deux
pas de là, elle aurait pu rester avec lui le soir sans bouger et regarder plonger les hirondelles sur les toits
roses. Le temps eût été alors autre qu'une chose à
tuer, le temps eût été une chose à choyer, chérir, empêcher de passer. Quand elle n'en pouvait plus, elle se
levait distraitement et se dirigeait vers le bar, à son
extrémité, là où Charles, de sa chaise longue, ne pouvait la voir. Elle buvait un, deux cocktails très vite sous
l'œil vaguement sarcastique du barman. Il la prenait
pour une alcoolique honteuse, cela lui était bien égal
et, d'ailleurs, elle finirait sans doute par le devenir. Elle
revenait vers la plage, s'allongeait aux pieds de Charles, fermait les yeux, le soleil devenait blanc, elle ne
distinguait plus la chaleur qui pesait sur sa peau de celle de l'alcool qui courait dessous, elle ne voyait plus sous
ses paupières qu'un Antoine dilué, flou, impuissant à
la faire souffrir. Elle retrouvait quelques heures une
autonomie animale, presque végétative qui lui permet
tait de respirer un peu. Charles avait l'air heureux,
c'était déjà beaucoup et, quand elle le voyait marcher
vers elle, avec ses pantalons de flanelle, son foulard
soigneusement plié dans le col de sa chemise, son bla-
zer bleu sombre, ses mocassins, elle repoussait énergiquement l'idée d'Antoine, sa chemise ouverte sur son
torse, ses hanches étroites et ses longues jambes prises
dans un vieux pantalon de toile, les pieds nus, les che-

veux dans les yeux. Elle avait connu bien des jeunes hommes et, sans doute, ce n'était pas la jeunesse qu'elle aimait chez lui. Elle l'eût aimé vieux. Mais elle l'aimait d'avoir son âge, comme elle l'aimait d'être blond, comme elle l'aimait d'être puritain, comme elle l'aimait d'être sensuel, comme elle l'aimait de l'avoir aimée, elle, comme elle l'aimait de ne, sans doute, plus l'aimer en ce moment. C'était ainsi. Son amour était là, posé, comme un mur entre elle et le soleil et la facilité, voire même le goût de vivre. Et elle en avait effectivement honte. Le bonheur était sa seule morale et le malheur, s'il vous était infligé par vous-même, lui semblait inexcusable (ce qui lui avait d'ailleurs assuré toute sa vie auprès des autres membres de la société une incompréhension, voire un reproche presque perpétuel).

« Maintenant, je paie », pensait-elle avec dégoût. Dégoût d'autant plus profond qu'elle ne croyait pas aux dettes, que les tabous moraux et sociaux de l'heure l'excédaient et que le souci général, mille fois constaté chez les autres, de se gâcher la vie, avait toujours provoqué chez elle un léger recul, comme devant une maladie honteuse. Elle avait contracté cette maladie, elle souffrait et elle souffrait sans aucun plaisir à se le dire, ce qui est bien une des manières les plus désagréables de souffrir.

Charles dut repartir pour Paris. Elle l'accompagna à la gare, promit d'être sage, fut tendre. Il devait revenir six jours plus tard, il l'appellerait tous les soirs. Il le fit. Mais le cinquième jour, vers quatre heures, quand elle décrocha distraitement le téléphone, elle entendit la voix d'Antoine. Il y avait quinze jours qu'elle ne l'avait pas vu.

XV

En sortant du Pré-Catelan, Antoine avait traversé le
bois de Boulogne à pied, en parlant tout seul, comme
un fou. Le chauffeur de Diane lui avait couru après, pro-
posant ses services, mais à sa grande stupeur, Antoine
lui avait donné cinq mille francs en marmonnant :
« Tenez, pour tout ce temps, ce n'est pas lourd, mais je
n'ai que ça sur moi. » Et sans doute, tant était vif son
désir d'en finir avec Diane, Antoine s'imaginait-il que
tout le monde devait en être prévenu. Il avait remonté
l'avenue de la Grande-Armée à grands pas, avait
expliqué à une prostituée empressée qu'il connaissait
assez de femmes de sa sorte, puis avait fait demi-tour
pour venir s'excuser auprès d'elle. Elle avait disparu,
probablement consolée, et il passa une demi-heure à la
chercher vainement. Il était rentré dans un bar des
Champs-Elysées, avait tenté de s'enivrer et s'était vaguement colleté avec un autre ivrogne pour une histoire
fumeuse de politique, en fait parce que le malheureux
occupait obstinément le juke-box et qu'il était, pour
sa part, décidé à y mettre vingt fois le disque qu'il avait
dansé, écouté, chantonné avec Lucile. « Ah, je suis mal-

heureux, pensait-il, soyons le bien. » Ayant gagné son
match de boxe, il mit le disque huit fois à la consternation générale puis dut laisser sa carte d'identité au barman, étant parfaitement démuni d'argent. Il rentra
chez lui à trois heures du matin, épuisé et dégrisé par
l'air du matin. Bref, il fit le jeune homme. Le malheur
donne parfois des forces, une vivacité, une sorte d'entrain égales à celles que donne l'euphorie.

Devant son porche, il y avait Diane, assise dans sa
voiture. Il reconnut la Rolls de loin, faillit faire demi-
tour. Puis l'idée du chauffeur qui devait attendre, ha-
gard de sommeil, que le petit ami de Madame veuille
bien rentrer, le décida. Il ouvrit la portière et Diane
descendit, sans un mot. Elle s'était remaquillée dans
la voiture et la lumière de l'aube, tout en faisant paraître sa bouche trop rouge, donnait à ses traits soigneusement indifférents une expression nouvelle de
jeunesse, d'égarement, d'erreur. Et, de fait, elle commet-
tait une erreur à ses propres yeux en venant au petit
jour relancer son amant, de même qu'elle avait commis une erreur depuis deux ans en s'éprenant de lui.
Simplement cette erreur qui, jusque-là, avait résonné
comme une musique de fond dans le film de sa vie,
obstinée mais discrète, devenait à cet instant un tam-
tam cruel et irrémédiable. Elle se voyait descendre de
voiture, elle se voyait accepter la main d'Antoine, elle
se voyait accomplir un dernier effort d'aisance pour
maintenir quelques instants encore le rôle de femme
aimée avant d'entrer dans ce rôle, inconnu et terri-
fiant pour elle, de femme délaissée. Et elle adressa
bizarrement à son chauffeur (tout en le renvoyant) un

sourire complice comme si elle savait qu'il était le dernier et précieux témoin de son bonheur.

« Je vous dérange ? » dit-elle.

Antoine secouait la tête. Il lui ouvrit la porte de sa
chambre, s'effaça. C'était la deuxième fois qu'elle y
venait. La première fois, ils venaient de se connaître et
Diane avait été amusée de passer leur première nuit
chez ce jeune homme gauche et plutôt mal habillé.
Ensuite, elle lui avait offert le grand lit de la rue Cambon, son luxe et ses pompes, car enfin cette chambre
était assez minable et sans confort. A présent, elle eût
tout donné au monde pour dormir dans ce lit bancal
et plier ses vêtements sur la chaise hideuse qui lui faisait pendant. Antoine ferma les volets, alluma une
lampe rouge et passa la main sur sa figure. Il était mal
rasé, il semblait avoir maigri en l'espace de quelques
heures, bref, il avait cet air de clochard que le chagrin
donne si facilement aux hommes. Elle ne savait plus
ce qu'elle voulait lui dire. Depuis son départ précipité,
elle s'était ressassé la même phrase : « Il me doit une
explication. » Mais, que lui devait-il en fait, que pouvait-on devoir à qui que ce soit ? Elle s'assit sur le lit,
très droite, elle eut la tentation de s'y étendre, de dire :
« Antoine, j'avais simplement envie de vous voir, j'étais
inquiète, j'ai sommeil à présent, dormons. » Mais Antoine était debout au milieu de la pièce, il attendait et
tout, dans son attitude, indiquait qu'il voulait éclaircir
la situation, c'est-à-dire la briser et lui faire, de ce fait,
affreusement mal.

« Votre départ était un peu rapide, dit-elle.

— Je m'en excuse. »

Ils parlaient comme deux acteurs, il le sentait, il
attendait d'avoir assez de force, de souffle, pour lui
dire — comme une mauvaise, mais indispensable
réplique — « tout est fini entre nous ». Il espérait vaguement qu'elle lui ferait des reproches, qu'elle évo-
querait Lucile et que la colère lui donnerait assez de
force pour être brutal. Mais elle avait l'air doux, résigné, presque craintif, et il se dit un instant avec horreur qu'il ne la connaissait pas et qu'il n'avait jamais
rien fait pour cela. Peut-être tenait-elle à lui autrement
qu'il ne l'avait toujours cru, c'est-à-dire comme à un
bon amant et un être insaisissable. Il pensait que seules
sa sensualité satisfaite et sa vanité blessée (parce qu'elle
n'avait pu le réduire à sa merci comme ses autres
mâles) étaient les principaux ressorts de son attache-
ment pour lui. Et s'il y avait autre chose ? Si Diane,
brusquement, pleurait ? Mais c'était inconcevable. La
légende de Diane, celle de son invulnérabilité et de sa
désinvolture, était trop ancrée à Paris et il en avait trop
entendu parler. Pendant une seconde, ils manquèrent
se connaître. Puis elle ouvrit son sac, sortit son pou-
drier en or et se remaquilla. C'était un geste de femme
affolée et il le prit pour un geste de femme sèche. « Au
reste, Lucile ne m'aime pas, donc personne ne peut
m'aimer », pensa-t-il pour conclure, avec cette mauvaise foi masochiste que donne le malheur, et il alluma
une cigarette.

Il eut un geste pour jeter son allumette dans la cheminée, un mouvement excédé, impatient qu'elle attri-
bua à l'ennui et qui réveilla sa colère. Elle oublia
Antoine, sa passion pour lui, elle ne se soucia plus que

d'elle. Diane Mirbec, et de la manière dont un homme, son amant, l'avait abandonnée sans raison apparente en pleine soirée et devant tous ses amis. Elle prit à son tour une cigarette, la main tremblante et il lui tendit une allumette. La fumée avait un goût âcre, désagréable, elle avait trop fumé et elle se rendit compte soudainement que ce bruit confus et multiple qui l'obsédait sans qu'elle le nommât, depuis quelques instants, était simplement dans la rue le chant des oiseaux. Ils s'éveillaient avec le jour, ils saluaient, fous de joie, les premiers rayons du soleil sur Paris. Elle regarda Antoine :

« Je peux savoir la raison de cette fuite ? Ou cela ne me regarde-t-il pas ?

— Vous pouvez la savoir, dit Antoine (il la regardait en face lui aussi et une petite grimace qu'elle ne connaissait pas déforma sa bouche). Je suis amoureux de Lucile... Lucile Saint-Léger », ajouta-t-il stupidement comme s'il y eût pu avoir une confusion quelconque.

Diane baissa les yeux. Son sac du soir était éraflé sur le dessus, elle devrait le changer. Elle regardait cette déchirure, obstinément, elle ne voyait qu'elle, elle essayait d'y fixer son esprit : « Où ai-je pu faire cela ? » Elle attendait, elle attendait que son cœur reparte, que le jour éclate, que n'importe quoi, un coup de téléphone, une bombe atomique, un hurlement dans la rue vienne couvrir son propre cri muet. Mais rien n'arrivait et les oiseaux continuaient de piailler dehors et c'était odieux, cette frénésie, ce désordre.

« Tiens, tiens, dit-elle... Vous auriez peut-être pu
m'en avertir plus tôt.

— Je ne le savais pas, dit Antoine. Je n'en étais pas
sûr. Je me croyais simplement jaloux. Mais, voyez-
vous, elle ne m'aime pas, maintenant je le sais et je suis
malheureux pour de bon... »

Il eût pu continuer. En fait, c'était la première fois
qu'il parlait de Lucile à quelqu'un, il y prenait un plaisir douloureux et il oubliait, avec une inconscience très
masculine, qu'il en parlait à Diane. D'ailleurs celle-ci
n'avait retenu qu'un mot, « jaloux ».

« Pourquoi jaloux ? On n'est jaloux que de ce que
l'on a, vous me l'avez expliqué dix fois. Vous avez été
son amant ? »

Il ne répondit pas. La colère remontait en Diane, la
délivrait.

« Vous êtes jaloux de Blassans-Lignières ? Ou cette
petite a-t-elle encore deux ou trois amants de plus ?
Vous auriez du mal à l'entretenir tout seul, mon pauvre Antoine, de toute façon, si cela peut vous consoler.

— Ce n'est pas la question », dit Antoine sèchement.

Subitement, il haïssait Diane de juger Lucile comme
il l'avait fait lui-même quatre heures plus tôt. Il lui
interdisait de la mépriser. Il lui avait avoué la vérité, il
fallait qu'elle s'en aille, qu'elle le laisse seul avec le
souvenir de Lucile, au Pré-Catelan, les yeux pleins de
larmes. Avait-elle pleuré seulement parce qu'il lui faisait mal aux poignets ou parce qu'elle tenait à lui ?

« Où la voyiez-vous, dit la voix de Diane dans le
lointain. Ici ?

— Oui, dit-il. L'après-midi. »

Et il se souvint du visage de Lucile dans l'amour, de son corps, de sa voix, de tout ce qu'il avait perdu par sa bêtise, son intransigeance et il eut envie de se battre. Il n'y aurait plus de pas de Lucile dans l'escalier, il n'y aurait plus d'après-midi somptueux et brûlants, plus de rouge et de noir, plus rien. Il tendit vers Diane un visage si nostalgique, si passionnel qu'elle eut un mouvement de recul.

« Je ne pensais pas que vous m'aimiez, dit-elle, mais je vous supposais une certaine estime pour moi. Je crains... »

Il lui jeta un regard incompréhensif et elle découvrit dans ce regard un monde immuable, masculin, un monde où un homme ne pouvait estimer sa maîtresse s'il ne l'aimait pas. Sans doute le flattait-elle, sans doute avait-il même un certain respect pour elle mais, instinctivement, profondément, elle était pour lui la pire des prostituées. Car elle avait accepté de vivre avec lui deux ans sans exiger qu'il l'aime, ni qu'il le lui dise et sans le lui dire elle-même. Et dans les yeux jaunes d'Antoine, elle devinait trop tard une enfance brutale, sentimentale, absolue, avide de mots, de scènes et de cris d'amour. Le silence, l'élégance n'étaient pas des preuves pour les jeunes gens. En même temps, elle savait que si elle se roulait sur ce lit, comme elle avait envie de le faire, en le suppliant, il serait affolé et vaguement dégoûté. Il était habitué à son personnage, au profil qu'elle lui tendait obstinément depuis deux ans, il n'en voudrait pas un autre. Décidément, son port de tête lui coûtait cher. Mais, dans cet orgueil qui la maintenait assise, droite sur ce lit, à l'aube, orgueil si inhérent à son personnage mondain qu'elle en avait presque oublié l'existence, elle découvrait à présent l'allié le plus proche, le plus intime, le plus précieux. Comme un cavalier né qui découvre brusquement que ce sont ses trente années d'équitation qui lui ont permis de passer souplement sous un autobus, Diane, étonnée, regardait sa fierté, ce patrimoine ignoré, tout au moins mal utilisé, lui épargner le pire : c'est-à-dire d'agir en sorte que, Antoine ne l'aimant plus, elle en vienne à ne plus pouvoir se supporter elle-même.

« Pourquoi me dire cela aujourd'hui, demanda-t-elle d'une voix tranquille, vous auriez pu continuer longtemps ? Je ne me doutais pas de grand-chose. Ou plutôt, je ne le croyais plus.

— Je pense que je suis trop malheureux pour mentir », dit Antoine.

Et il se rendit compte avec ahurissement que c'était vrai, qu'il eût pu mentir toute la nuit à Diane, la consoler, la persuader s'il avait eu l'assurance de retrouver Lucile le lendemain ou qu'elle l'aimât. Le bonheur permettait tout et, une seconde, il comprit Lucile, sa facilité, sa capacité de dissimulation qu'il lui avait si violemment reprochée ces dernières semaines. Mais il était trop tard, trop tard, il l'avait blessée à mort, elle ne voulait plus de lui. Mais que faisait donc cette autre femme chez lui ? Elle comprit sa pensée et, aveuglément, frappa :

« Et votre chère Sarah, que devient-elle dans tout cela ? dit Diane avec douceur. Est-elle enfin morte pour de bon ? »

Il ne répondit pas. Il la regardait avec fureur à pré-

sent mais elle préférait ça de beaucoup à ce regard
amical, lointain qu'il lui adressait quelques instants
plus tôt. Elle voguait droit vers le pire, vers l'incompréhension, la méchanceté, l'impardonnable et elle en
était comme soulagée.

« Je crois qu'il vaudrait mieux que vous partiez,
dit-il enfin. Je ne voudrais pas que nous nous quit-
tions mal. Vous avez toujours été très bonne pour moi.

— Je n'ai jamais été bonne pour personne, dit Diane
en se levant. Je vous trouvais assez agréable dans certaines circonstances, c'est tout. »

Elle se tenait droite devant lui, elle le regardait en
face, il ne pouvait pas savoir qu'il n'eût fallu que le
passage d'un souvenir, d'un regret sur son propre visage
pour qu'elle se laissât aller, contre lui, à ses larmes.
Mais il ne la regrettait pas et elle se borna à lui tendre
la main, à le regarder s'incliner machinalement sur
cette main; et l'expression de souffrance forcenée
qu'elle eut à regarder une dernière fois la nuque
blonde et penchée d'Antoine avait disparu lorsqu'il
releva la tête. Elle murmura : « Au revoir », se cogna
un peu à la porte et s'engagea dans l'escalier. Il habitait au troisième mais ce n'est qu'au premier qu'elle
appuya contre le mur humide et sale du palier son
célèbre visage et ses belles mains, désormais inutiles.

XVI

ANTOINE passa quinze jours tout seul. Il marchait beaucoup à pied, ne parlait à personne, ne s'étonnait même
pas quand il rencontrait quelque connaissance, amie
de Diane, de s'en voir à ce point ignoré. Il connaissait
les règles du jeu : (amené par Diane dans un milieu qui
n'était pas le sien, il en était automatiquement rejeté
en la quittant. C'était la loi, et l'affabilité hâtive que
lui témoigna Claire, un soir qu'il la rencontra, lui sembla même un maximum. Elle lui signala néanmoins
que Lucile et Charles étaient à Saint-Tropez et ne
parut même pas étonnée qu'Antoine l'ignorât. Il semblait évident qu'en renonçant à une femme, il avait
perdu l'autre à tout jamais. Cette idée le fit rire un peu,
bien qu'il eût ces temps-ci, de moins en moins, envie
de rire. Une phrase d'Apollinaire l'obsédait : « J'erre
dans mon beau Paris sans avoir le cœur d'y mourir.
Des troupeaux d'autobus mugissants... » Il ne se rappelait pas la suite et ne cherchait pas d'ailleurs à la
retrouver. Il était vrai que Paris devenait d'une beauté
déchirante, bleue, blonde, alanguie, il était vrai qu'il
n'avait pas plus le cœur d'y mourir que celui d'y vivre.

Tout était pour le mieux, au demeurant. Lucile était
au bord de cette Méditerranée qu'elle lui avait dit ado-
rer, elle devait y être heureuse, à nouveau, puisqu'elle
était faite pour cela, et peut-être tromper Charles avec
un beau jeune homme du pays. Diane s'affichait avec
un jeune diplomate cubain, il avait vu une charmante
photo du couple à une première de ballets dans un
journal. Quant à lui-même, il lisait, ne buvait pas et,
parfois, la nuit, se tordait de rage dans son lit en pensant à Lucile. Tout cela lui semblait d'une fatalité évidente. Il n'avait plus d'espoir, sa mémoire ne lui en
fournissant aucune raison. Les seuls souvenirs qu'elle
lui tendait étaient ceux du plaisir de Lucile, du sien
propre, souvenirs qui le ravageaient sans le rassurer,
car on n'est jamais parfaitement sûr de l'intensité du
plaisir de l'autre — ni, surtout, que cette intensité,
il ne puisse la retrouver ou la dépasser avec un étranger. S'il savait Lucile irremplaçable pour lui dans la vo-
lupté, il ne pouvait s'imaginer qu'il le fût pour elle. Parfois, il se rappelait son visage traqué, le jour qu'il
était arrivé si tard, il se rappelait sa phrase : « Tu sais,
je crois que je t'aime pour de bon. » Mais il pensait
alors qu'il était passé ce jour-là à côté de sa chance,
qu'il eût dû se consacrer un peu plus à l'esprit de
Lucile, un peu moins à son corps, et que, s'il l'avait
sans doute possédée physiquement, il l'avait parfaitement manquée en tant qu'être humain. Bien sûr,
ils riaient ensemble et le rire était le propre de l'amour
mais cela ne suffisait pas. Il n'avait pour le comprendre qu'à se remémorer l'étrange nostalgie qui s'était
emparée de lui au milieu de sa colère en découvrant

des larmes dans les yeux de Lucile, au Pré-Catelan.
Pour qu'un homme et une femme s'aiment vraiment,
il ne suffisait pas qu'ils se soient fait plaisir, qu'ils se
soient fait rire, il fallait aussi qu'ils se soient fait souffrir. Elle pouvait bien soutenir le contraire. Mais elle ne
lui soutiendrait plus rien à présent, elle était partie.
Et il interrompait brusquement le dialogue, l'explication qu'il entreprenait mentalement vingt fois par jour
avec elle, il se levait brusquement de son siège où il
arrêtait brusquement sa marche. Cela n'en finissait
pas.

Le quinzième jour, il rencontra Johnny, qui, en vacances, rôdait au Flore et qui sembla ravi de le revoir.
Ils s'assirent à la même table, prirent un whisky, et
Antoine s'amusa de la manière faraude dont Johnny
répondait aux saluts de ses amis. Il se savait plutôt
beau comme il se savait blond, sans plus d'intérêt.

« Comment va donc Lucile ? dit Johnny à un moment.

— Je n'en sais absolument rien. »

Johnny se mit à rire.

« Je le savais. Vous avez eu raison de rompre. C'est
un être charmant mais dangereux. Elle finira probablement alcoolique, d'ailleurs bercée par Charles.

— Pourquoi cela ? »

Antoine surveillait sa voix, il en calculait soigneusement l'indifférence.

« Elle a commencé. Un ami à moi l'a vue tituber
sur la plage. Mais cela ne doit pas vous étonner. »

Et devant l'expression d'Antoine, il se mit à rire.

« Voyons, vous n'ignorez pas qu'elle était folle

amoureuse de vous, cela se voyait à vingt pas, sans la connaître. Qu'est-ce qui vous prend ? »

Antoine riait, il ne pouvait plus s'arrêter de rire, il était fou de bonheur, il était fou de honte, il était trop bête, il avait été trop bête. Bien sûr, elle l'aimait, bien sûr, elle pensait à lui, comment avait-il pu croire qu'ils avaient été si heureux ensemble deux mois sans qu'elle l'aime, comment avait-il pu être si pessimiste, si égoïste, si inconscient ? Elle l'aimait, elle le regrettait, elle buvait en cachette pour cela. Peut-être même pensait-elle qu'il l'avait oubliée alors qu'il ne pensait qu'à elle depuis quinze jours, peut-être était-elle malheureuse à cause de son imbécillité profonde à lui, Antoine. Il allait la retrouver tout de suite, il lui expliquerait tout, il ferait tout ce qu'elle voudrait, mais il la prendrait dans ses bras, il lui demanderait pardon, ils s'embrasseraient des heures. Où était Saint-Tropez ?

Il s'était levé de sa chaise.

« Mais, dites-moi, dit Johnny, calmez-vous. Vous avez l'air d'un fou furieux, mon bon ami.

— Excusez-moi, dit Antoine, il faut que je téléphone. »

Il courut jusqu'à chez lui, se disputa avec une dame des P. T. T. qui tardait à lui expliquer le fonctionnement de l'automatique dans le Var, appela trois hôtels, finit par savoir dans le quatrième que Mlle Saint-Léger était à la plage mais qu'elle allait rentrer, demanda un préavis et s'installa sur son lit, la main sur le récepteur du téléphone, comme Lancelot du Lac sur la poignée de son épée, décidé à attendre deux heures, six heures, toute la vie, plus heureux qu'il ne l'avait jamais été, pensait-il.

A quatre heures, le téléphone sonna et il décrocha :

« Lucile ? c'est Antoine.

— Antoine, répéta-t-elle, comme rêveusement.

— Il faut... je voudrais te voir. Je peux venir ?

— Oui, dit-elle. Quand ? »

Et bien que sa voix fût calme, il devinait à la brièveté de ses termes, le recul, la défaite de la chose immonde et cruelle qui, comme lui-même, l'avait tordue, secouée, maltraitée pendant quinze jours. Il voyait sa propre main posée sur son lit, il s'étonnait de ne pas trembler.

« Il doit y avoir un avion, dit-il. Je pars maintenant. Tu viens me chercher à Nice ?

— Oui, dit-elle. (Elle hésita puis ajouta :) Tu es à la maison ? »

Et il répéta trois fois son nom dans l'appareil : « Lucile, Lucile, Lucile... », avant de répondre par l'affirmative.

« Dépêche-toi », dit-elle, et elle raccrocha.

Il pensa simplement à ce moment-là qu'elle était peut-être avec Charles et qu'il n'avait pas les moyens de prendre l'avion. Mais il y pensa distraitement. Il était capable de dévaliser un passant, de tuer Charles et de conduire un Boeing. Et, effectivement, à sept heures et demie, conseillé par l'hôtesse, il aurait pu admirer, à la gauche de l'appareil, la ville de Lyon s'il en avait eu la moindre envie.

Après avoir raccroché, Lucile ferma son livre, prit
un chandail dans l'armoire, les clefs de la voiture
qu'avait louée Charles et descendit. Elle se surprit dans
la glace qui encombrait l'entrée de l'hôtel et s'adressa
un sourire furtif, indécis comme l'on peut en adresser
à un grand malade, que l'on savait condamné et qui serait brusquement sorti, apparemment guéri, de l'hôpital. Il fallait qu'elle fasse très attention en conduisant,
la route était pleine de virages, la chaussée mauvaise.
Il ne fallait pas qu'un chien imprudent, un chauffard,
un accident matériel s'interposent entre elle et Antoine
et elle ne pensa pratiquement qu'à cela, comme anes-
thésiée, privée d'elle-même jusqu'à l'aéroport. Il y
avait une arrivée de Paris à six heures et, bien qu'il
n'y ait aucune chance pour qu'Antoine y soit, elle
attendit à la sortie. Le prochain avion était à huit heures et elle acheta un roman policier, s'installa au bar,
en haut, essaya en vain de comprendre ce qui arrivait
à un détective privé, d'ailleurs fort dégourdi, mais
incapable en ce moment de la séduire. Elle connaissait
l'expression « un bonheur accablant » mais elle n'en
avait jamais vérifié la véracité et elle s'étonnait de se
sentir moulue, brisée, épuisée à tel point qu'elle se demandait si elle ne s'évanouirait pas ou ne s'endormi-
rait pas sur sa chaise avant huit heures. Elle appela le
garçon et lui signala qu'elle attendait quelqu'un à
l'avion de huit heures, ce qui sembla, d'ailleurs, intéres-
ser médiocrement cet homme. Mais enfin, si jamais il
lui arrivait quelque chose, il pourrait prévenir Antoine.
Elle ne voyait pas bien comment, mais elle voulait pren-

dre toutes les précautions possibles pour protéger ce
personnage nouveau, ahurissant, fragile, ce personnage
heureux, enfin, qu'elle était devenue. Elle alla même
jusqu'à changer de table car elle voyait mal la grosse
horloge du bar et il lui semblait de surplus qu'elle n'entendait pas de sa place les haut-parleurs. Quand elle eut
regardé consciencieusement tous les signes noirs conte-
nus dans les pages de son livre, il n'était que sept heures, une femme en larmes embrassait le détective blessé
mais triomphant à l'hôpital de Miami et son propre
cœur lui faisait mal.

Il se passa une heure, deux mois, trente ans, avant
qu'Antoine n'apparaisse, le premier, car il était sans
bagages au bout du hall. Et pendant les quelques pas
qu'il fit vers elle, elle pensa simplement qu'il était maigre, très pâle, mal habillé, qu'elle le connaissait à
peine, avec la même conscience détachée qui admettait
en ce moment, également, qu'elle l'aimait. Il vint à
elle, gauchement, ils se serrèrent la main sans trop se
regarder et ils hésitèrent un instant avant de se diriger vers la sortie. Il murmura qu'elle était bronzée,
elle espéra à voix haute qu'il avait fait bon voyage.
Après quoi, ils montèrent en voiture, Antoine prit le
volant, et elle lui montra où était le démarreur. La
nuit était chaude, l'odeur de la mer se mêlait à celle de
l'essence et les palmiers de l'aéroport tremblaient un
peu sous le vent. Ils roulèrent quelques kilomètres sans
dire grand-chose, sans savoir même où ils allaient, puis
Antoine arrêta la voiture au bord de la route et la prit
contre lui. Il ne l'embrassait pas, il la tenait simplement dans ses bras, sa joue contre la sienne et elle

aurait pu pleurer de soulagement. Quand il lui parla, ce fut très doucement, très bas, comme à un enfant :

« Où est Charles ? Il faut le lui dire, à présent.

— Oui, dit-elle. Il est à Paris.

— On va prendre le train ce soir. Il y a un train de nuit, non ? On va le prendre à Cannes. »

Elle acquiesça, se recula un peu pour le regarder, vit enfin ses yeux, la forme de sa bouche et il se pencha pour l'embrasser. A Cannes, il restait un wagon-lit. Toute la nuit, il y eut les hurlements du train, les éclairs de lumière sur leurs visages mêlés, et quand ils se reposaient parfois dans une gare, le bruit métallique, régulier du cheminot qui, de sa barre de fer, surveillait l'état des roues, surveillait leur montée à Paris, surveillait leur destin. Il leur semblait que la vitesse redoublait dans le plaisir, que le train devenait fou, et que c'étaient eux-mêmes qui poussaient parfois cet infernal gémissement dans les campagnes endormies.

« Je le savais », dit Charles.

Il lui tournait le dos, il s'appuyait du front à la fenêtre. Elle était assise sur son lit, elle chancelait de fatigue. Il lui semblait avoir encore dans les oreilles le tintamarre du train. A leur arrivée, très tôt, gare de Lyon, il pleuvait. Et puis, elle avait téléphoné à Charles, de chez lui, de chez eux, et elle l'y avait attendu. Il était venu très vite et elle lui avait dit tout de suite qu'elle aimait Antoine et qu'elle devait le quitter. A présent, il faisait semblant de regarder par la fenêtre et elle s'étonnait que sa nuque fût restée si droite, mais qu'elle ne l'émeuve pas, alors que celle d'Antoine, avec ses cheveux rêches et emmêlés, l'attendrissait tant. Il y avait des hommes dont on ne pensait jamais à évoquer l'enfance.

« Je pensais que ce serait sans conséquence, dit-il encore. Voyez-vous, j'espérais... »

Il s'interrompit brusquement, se tourna vers elle :

« Il faut que vous compreniez bien que je vous aime. Ne pensez pas que je vais me consoler de vous, ni vous oublier, ni vous remplacer. Je n'ai plus l'âge de ces substitutions. »

Il sourit un peu :

« Voyez-vous, Lucile, vous me reviendrez : Je vous aime pour vous. Antoine vous aime pour ce que vous êtes ensemble. Il veut être heureux avec vous, ce qui est de son âge. Moi, je veux que vous soyez heureuse indépendamment de moi. Je n'ai qu'à attendre. »

Elle eut un geste de protestation, mais il leva la main, très vite :

« De plus, il vous reprochera ou il vous reproche déjà ce que vous êtes : épicurienne, insouciante et plutôt lâche. Il vous en voudra forcément de ce qu'il appellera vos faiblesses ou vos défauts. Il ne comprend pas encore que ce qui fait la force d'une femme, c'est la raison pour laquelle les hommes l'aiment, même si cela couvre le pire. Il l'apprendra avec vous. Il apprendra que vous êtes gaie, et drôle et gentille parce que vous avez tous ces défauts. Mais ce sera trop tard: Du moins, je le crois. Et vous me reviendrez. Parce que vous savez que je sais. »

Il eut un léger rire :

« Je ne vous avais pas habituée à de si longs dis-

cours, n'est-ce pas ? Maintenant, dites-lui de ma part
que s'il vous fait du mal, s'il ne vous rend pas à moi,
dans un mois ou trois ans, intacte et heureuse comme
vous l'êtes actuellement, je le briserai tout bonnement. »

Il parlait presque avec colère et elle le regardait,
étonnée. Il donnait une impression de force, presque
de violence qu'elle ne lui connaissait pas.

« Je ne cherche pas à vous retenir, ce n'est pas la
peine, n'est-ce pas. Mais rappelez-vous bien ceci : je
vous attends. N'importe quand. Et quoi que vous vouliez de moi, sur n'importe quel plan, vous l'aurez. Vous
partez tout de suite ? »

Elle hocha la tête affirmativement.

« Vous allez emporter tout ce qui est à vous (Et
comme elle secouait la tête, définitive :) Tant pis, mais
je ne pourrai pas voir traîner vos manteaux dans vos
placards ni votre voiture au garage. Votre absence peut
être longue, après tout... », ajouta-t-il avec un petit
sourire.

Elle le regardait, inerte. Elle savait que ce serait
ainsi : affreux, et qu'il serait ainsi : parfait. Tout se
déroulait comme elle le savait depuis longtemps et au
désespoir de le faire souffrir se mêlait en elle une vague fierté d'avoir été aimée par lui. Ce n'était pas possible, elle ne pouvait pas le laisser ainsi, dans cet
immense appartement, tout seul. Elle se leva :

« Charles, dit-elle, je...

— Non, dit-il. Vous avez assez attendu. Allez-vous-
en, maintenant. »

Il resta immobile, en face d'elle, une seconde, l'air

presque rêveur tant il la regardait avec intensité. Puis il se pencha rapidement, effleura ses cheveux, se détourna :

« Partez à présent. Je ferai porter vos valises rue de Poitiers, tout à l'heure. »

Elle ne s'étonna pas qu'il connût l'adresse d'Antoine. Elle avait tellement horreur d'elle-même qu'elle ne voyait que ce dos un peu voûté, ces cheveux gris, et elle avait l'impression de voir son œuvre. Elle murmura : « Charles... » et elle ne sut pas si elle voulait lui dire « merci » ou « pardon » ou quelque grossièreté de ce genre car il remua la main, d'un petit geste fébrile, cassé, sans se retourner, un petit geste qui signifiait qu'il n'en supporterait pas beaucoup plus et elle sortit à reculons. Dans l'escalier, elle s'aperçut qu'elle pleurait et elle rentra en sanglotant dans la cuisine pour s'effondrer sur l'épaule de Pauline qui lui assura que les hommes étaient bien fatigants, mais qu'il ne fallait pas pleurer pour eux. Antoine l'attendait dehors, dans un café, au soleil.

DEUXIEME PARTIE

L'ÉTÉ

XVII

ELLE se sentait la proie d'une maladie merveilleuse,
bizarre, qu'elle savait être le bonheur mais qu'elle hé-
sitait à nommer ainsi. D'une certaine façon, elle trouvait extravagant que deux êtres intelligents, nerveux,
critiques, en arrivent à être à ce point à bout d'aspira-
tions, à ce point étroitement mêlés l'un à l'autre qu'ils
puissent juste se dire « Je t'aime » avec une sorte de
sanglot dans la voix car il n'y avait rien d'autre à
ajouter. Elle savait qu'il n'y avait rien à ajouter, en
effet, qu'il n'y avait rien d'autre à espérer, que c'était
enfin ce qu'on appelle la plénitude, mais elle se demandait comment elle ferait plus tard, un jour, pour
survivre au souvenir de cette plénitude. Elle était heureuse, elle avait peur.

Ils se racontaient tout : leur enfance, leur passé et
surtout, surtout, ils revenaient inlassablement aux mois
précédents, ils ressassaient interminablement comme
tous les amants, leurs premières rencontres, les moindres
détails de leur liaison. Ils se demandaient avec cette
stupeur (vraie et un peu sotte) si classique, comment ils
avaient pu douter si longtemps de leurs propres senti-

ments. Mais, s'ils roulaient dans leur passé commun, inquiet et contrarié, ils ne rêvaient pas d'un futur commun qui eût pu être tranquille et durable. Lucile, encore plus qu'Antoine, avait peur des projets, et de la vie simple. En attendant, ils regardaient, comme fascinés, se dérouler le présent, se lever le jour qui les trouvait réunis dans le même lit, jamais rassasiés l'un de l'autre, descendre le soir qui les voyait marcher dans un Paris tiède, tendre, inégalable. Et, par moments, ils étaient si heureux qu'il leur semblait qu'ils ne s'aimaient plus.

Il suffisait alors qu'Antoine eût une heure de retard pour que Lucile, qui l'avait vu partir avec une tranquillité — presque une indifférence si totale qu'elle en parvenait à douter d'avoir été ce qu'elle avait été à Saint-Tropez : cet animal malade, déchiré et sans voix — pour que Lucile alors se mette à trembler, à imaginer le corps d'Antoine sous un autobus, et qu'elle se décide enfin à nommer mentalement « bonheur » sa présence puisque son absence était le désespoir. Et il suffisait que Lucile sourît par hasard à un autre homme pour qu'Antoine (que la possession physique, constante de ce corps — s'il ne s'en lassait pas — rassurait quand même complètement) en vienne à pâlir, à lui rendre d'un coup tous les prestiges d'un bonheur fragile, provisoire, jamais acquis. Il y avait entre eux quelque chose d'inquiet, de violent, même aux moments de la plus grande douceur. Et s'ils souffraient parfois de cette inquiétude, ils savaient confusément que sa disparition chez l'un comme chez l'autre signifierait en même temps la disparition de leur amour.

En fait, une majeure partie de leurs rapports avait été déterminée par deux chocs sentimentaux, à peu près égaux : pour elle, le retard d'Antoine, ce fameux après-midi et pour lui, le refus de Lucile de revenir chez eux le jour du retour de Charles. Et Lucile — dont la modestie était aussi grande que l'égoïsme, comme beaucoup de gens insouciants — pensait confusément qu'un jour Antoine ne reviendrait pas comme Antoine pensait confusément de son côté qu'un soir, elle le tromperait. Ces deux plaies, que le bonheur eût dû cicatriser — ils les maintenaient ouvertes, presque délibérément, comme le rescapé d'un grave accident qui, après six mois de souffrances, se plaît à raviver de l'ongle sa dernière écorchure afin de mieux éprouver, par comparaison, le parfait état du reste de son corps. Ils avaient l'un et l'autre besoin d'une écharde, lui, par goût profond, elle, parce que ce bonheur partagé lui était trop étranger.

Antoine se réveillait tôt le matin, et son corps réalisait avant sa conscience la présence de celui de Lucile dans le lit, le désirait, avant même qu'il n'ait ouvert les yeux. Il glissait vers elle, endormi, souriant et c'était parfois le gémissement de Lucile, ou la crispation de sa main sur son dos qui arrachait Antoine à ses derniers rêves. Il dormait profondément, lourdement comme certains hommes et beaucoup d'enfants et il n'aimait rien autant que ces lents et voluptueux réveils. Quant à Lucile, la première appréhension qu'elle eut du monde tous les matins était celle du plaisir et elle reprenait conscience étonnée, comblée et vaguement vexée de ce demi-viol qui la privait de toutes les péripéties habi-

tuelles de ses réveils : ouvrir les yeux, les refermer, refu-
ser le jour ou l'admettre, tout ce petit combat confus et
tendre livré à soi-même. Elle essayait parfois de tri-
cher, de se réveiller avant lui, de le deviner, mais
Antoine ne dormait jamais plus de six heures et il la
devançait toujours. Il riait de son air furieux, il se
réjouissait d'avoir arraché si vite cette femme aux ténè-
bres du sommeil pour la replonger si vite dans les ténè-
bres de l'amour, il aimait plus que tout cet instant où
elle ouvrait les yeux, égarée, indécise, puis le reconnaissant, les refermait aussitôt, comme obligée, en même
temps qu'elle nouait ses bras autour de son cou.

Les valises de Lucile surmontaient l'armoire et seulement deux ou trois robes, qu'Antoine préférait, cô-
toyaient à l'intérieur ses deux complets. En revanche,
la salle de bain témoignait activement de la présence
d'une femme par la multitude de petits pots, généralement inutilisés, que Lucile y avait entreposés. En se
rasant, Antoine se livrait à mille commentaires sur l'utilisation du masque aux herbes contre les rides ou autre
facétie. Lucile lui disait qu'il serait bien content, plus
tard, de les avoir sous la main, qu'il vieillissait à vue
d'œil, qu'il était laid d'ailleurs. Il l'embrassait. Elle
riait. Il faisait extraordinairement beau à Paris cet
été-là.

Il partait travailler à neuf heures et demie et elle
restait dans sa chambre, tranquillement, soupirant après
une tasse de thé mais incapable, dans son engourdisse-
ment, de descendre le boire au tabac du coin. Elle prenait un des cent livres entassés en pile dans chaque coin
de la chambre et lisait. La grosse horloge qui l'avait

tant fait souffrir un jour sonnait toutes les demi-heures
et, à présent, elle en adorait la sonorité. Quelquefois
même, à entendre les coups, elle posait son livre et souriait dans le vide, comme à une enfance retrouvée.
A onze heures ou à onze heures et demie, Antoine téléphonait, d'une voix souvent nonchalante, mais parfois,
de celle, rapide, décidée de l'homme débordé de travail. Lucile, dans ces cas-là, lui répondait très sérieu-
sement, quoique avec un léger fou rire intérieur car
elle le savait rêveur, paresseux mais elle en était à ce
stade de l'amour où l'on aime aussi tendrement chez
l'autre ses comédies que ses vérités, ou même, au
contraire, ses demi-mensonges, parce qu'on les décèle
comme tels, vous paraissent comme les signes d'une
ultime confiance. A midi, elle le retrouvait à la piscine,
à la Concorde et ils mangeaient un sandwich au soleil.
Puis il repartait travailler, à moins que le soleil, le
contact de leurs peaux nues, légèrement hâlées, leur
dialogue ne les aient troublés et il l'emmenait en courant chez lui, chez eux et arrivait en retard à son bureau. Lucile commençait alors sa longue promenade
oisive dans Paris, à pied, elle rencontrait des amis,
des vagues connaissances, prenait des jus de tomate aux
terrasses des cafés. Et comme elle avait l'air heureux,
tout le monde lui parlait. Le soir, il y avait tous les
cinémas, toutes les routes chaudes autour de Paris, tous
les cabarets à moitié déserts où elle lui apprenait à danser, tous les visages inconnus et tranquilles de la ville,
l'été; et tous les mots qu'ils avaient envie de dire et
tous les gestes qu'ils avaient envie de faire.

   Fin juillet, ils rencontrèrent Johnny, par hasard, au

Flore, qui revenait d'un épuisant week-end à Monte-
Carlo, flanqué d'un jeune homme bouclé, nommé
Bruno. Il les félicita de leur air heureux et leur demanda pourquoi ils ne se mariaient pas. Ils rirent beaucoup à cette idée et lui firent remarquer qu'ils n'étaient
pas des gens à se soucier de l'avenir et que c'était quand
même une idée saugrenue. Johnny en convint, rit avec
eux. Mais, quand, ils s'éloignèrent, il murmura « c'est
dommage » d'un ton qui intrigua le dénommé Bruno.
A ses questions, Johnny opposa un visage mélancolique,
curieux. que le garçon ne lui connaissait pas, puis il déclara simplement : « Tu ne comprendrais pas, mais
c'était trop tard », réponse qui suffit d'ailleurs ample-
ment à son interlocuteur dont le rôle, en effet, n'était
pas de comprendre quoi que ce soit.

   Août survint et Antoine eut un mois de vacances.
Mais il n'avait pas d'argent et il resta donc chez lui
avec elle.
   Il fit subitement très chaud à Paris ce mois d'août,
il régnait une atmosphère étouffante, orageuse, coupée
de pluies violentes et brèves qui laissaient les rues
épuisées, fraîches comme des convalescentes ou de jeunes accouchées. Lucile passa pratiquement trois semaines sur son lit, en robe de chambre. Son vestiaire d'été
était composé de maillots de bain et de pantalons de
toile, destinés aux beaux jours de Monte-Carlo ou de
Capri que lui réservait généralement Blassans-Lignières, et il n'était pas question de le changer. Elle lisait
énormément, fumait, descendait acheter des tomates

pour le déjeuner, faisait l'amour avec Antoine, parlait
littérature avec lui, s'endormait. Les orages dont elle
avait peur la jetaient contre lui et il s'attendrissait, lui
expliquait scientifiquement de sombres histoires de
cumulus qu'elle ne croyait qu'à moitié, il l'appelait
« ma païenne » d'une voix troublée. Mais il ne parvenait pas à la troubler en retour jusqu'à ce que le dernier coup de tonnerre eût disparu depuis longtemps.
Parfois, il lui jetait des coups d'œil furtifs, interroga-
teurs. La paresse de Lucile, sa capacité énorme à ne
rien faire, ne rien prévoir, sa faculté de bonheur — à
vivre des jours aussi vides, aussi inactifs, aussi semblables — lui semblait par moments extravagante, presque monstrueuse. Il savait bien qu'elle l'aimait et que,
de ce fait, elle ne pouvait pas plus s'ennuyer avec lui
que lui avec elle mais il sentait que cette façon de vivre était celle qui se rapprochait le plus de sa profonde
nature, à elle, tandis que lui savait que c'était à la passion qu'il devait de supporter cette vacuité perpétuelle.
Il lui semblait qu'il était tombé sur un animal incompréhensible, une plante inconnue, une mandragore. Alors
il venait vers elle, se glissait sous les draps, il ne se lassait pas de leur plaisir, de leurs sueurs mélangées, de
leurs fatigues et il se prouvait ainsi, de la manière la
plus précise, qu'elle n'était qu'une femme. Ils avaient
peu à peu pris de leurs corps une connaissance exacte,
en avaient presque fait une sorte de science, science
faillible parce qu'elle était basée sur le souci du plaisir
de l'autre mais qu'elle disparaissait souvent désarmée,
impuissante devant leur propre plaisir. Dans ces mo-
ments-là, ils n'imaginaient pas qu'ils aient pu ne pas

se connaître, trente ans durant. Et une journée ne pouvait être morte où ils étaient obligés de s'avouer à eux-
mêmes, à plusieurs reprises, que rien d'autre n'était
vrai, n'avait de valeur que l'instant qu'ils vivaient à
ce moment-là.

Août passa donc comme un rêve. La veille du 1er sep-
tembre, vers minuit, ils étaient allongés côte à côte
et le réveil d'Antoine qui avait été inutile pendant un
mois, avait repris sa marche frénétique. Il sonnerait
à huit heures. Antoine était sur le dos, immobile et sa
main, qui tenait une cigarette, pendait hors du lit. La
pluie se mit à tomber dans la rue, à coups lents et
mous, il devinait qu'elle était tiède, il soupçonnait
même qu'elle était salée comme les larmes que Lucile,
contre sa joue, commençait à verser, tranquillement,
les yeux ouverts. Il n'avait besoin de demander ni à
elle ni aux nuages les raisons de ces pleurs. Il savait
bien que l'été était fini et que ç'avait été le plus bel été
de leur vie.

TROISIEME PARTIE

L'AUTOMNE

Je vis que tous les êtres ont une fatalité de bonheur. L'action n'est pas la vie mais une façon de gâcher quelque force, un énervement.

ARTHUR   RIMBAUD.

XVIII

Lucile attendait l'autobus place de l'Alma et s'énervait. Le mois de novembre était spécialement froid, spécialement pluvieux et la petite guérite devant la station était bondée de gens frileux, maussades, presque agressifs. Aussi avait-elle préféré rester dehors et ses cheveux mouillés lui collaient au visage. De plus, elle avait oublié de prendre un ticket en arrivant et il s'était trouvé une femme pour ricaner méchamment quand, au bout de six minutes, elle y avait pensé. A cet instant, elle regrettait amèrement sa voiture, le bruit de la pluie sur la capote et les virages indécis qu'elle prenait sur le pavé mouillé. Le seul charme réel de l'argent, pensait-elle, c'était qu'il vous permettait d'éviter cela : l'attente, l'énervement, les autres. Elle venait de la Cinémathèque du Palais de Chaillot où Antoine, énervé par son inactivité, lui avait conseillé, d'un ton presque impérieux, d'aller voir un chef-d'œuvre de Pabst. Ledit chef-d'œuvre en était un effectivement, mais elle avait dû faire la queue une demi-heure au milieu d'une cohorte d'étudiants braillards, entreprenants et elle se demandait pourquoi elle n'était

pas restée tranquillement dans la chambre à achever
un livre de Simenon qui la passionnait. Il était plus de
six heures et demie, elle arriverait après Antoine et
peut-être, cela le guérirait-il de cette déplorable manie qu'il avait contractée : celle de mêler Lucile à la
vie extérieure. Il lui disait qu'il n'était pas normal, pas
sain, qu'après avoir mené durant trois ans une vie mondaine, agitée, avec ce qu'il nommait des rapports humains, elle restât à présent calfeutrée dans une chambre
à ne rien faire. Elle ne pouvait lui dire ce qu'elle commençait à découvrir à présent qu'une ville, fût-elle
Paris, si l'on avait pris l'habitude d'y vivre autrement,
devenait terrifiante avec des tickets d'autobus et deux
cents francs en poche. Cela l'eût humilié, lui, presque
autant qu'elle. Car elle se rappelait avoir vécu ainsi
à vingt ans et elle n'aimait pas l'idée de ne pouvoir re-
commencer à trente. Un autobus s'arrêta, on appela les
premiers numéros, fort éloignés du sien, et les malheureux suivants retournèrent dans leur clapier de verre.
Une sorte de désespoir animal envahissait Lucile à
présent. Dans une demi-heure, avec un peu de chance,
elle monterait dans l'autobus qui l'amènerait à trois
cents mètres de la chambre d'Antoine, trois cents mètres qu'elle ferait sous la pluie et elle arriverait fatiguée, laide, décoiffée près d'un homme également fatigué. Et s'il lui demandait d'un air enthousiaste ce
qu'elle pensait de Pabst, elle aurait envie de lui parler
de la cohue, des autobus, de l'infernal régime auquel
l'on soumet les gens qui travaillent, et il serait déçu.
Un autobus passa sans s'arrêter. Soudain, elle décida
de rentrer à pied. Une vieille dame s'approcha d'elle

et tendit la main vers la machine distributrice. Impulsivement, Lucile lui tendit son ticket :

« Tenez, prenez le mien, je vais à pied. »

Le regard de la femme était interrogateur, presque hostile. Peut-être pensait-elle que Lucile faisait cela par charité, à .cause de son âge ou Dieu sait quoi. Les gens devenaient méfiants à présent. Ils étaient tellement gavés d'ennuis, de soucis, d'une télévision stupide, de journaux insanes qu'ils n'avaient plus aucune notion de gratuité.

Lucile s'excusa presque :

« J'habite à deux pas, je suis en retard et il pleut un peu moins, non ? »

Ce « non » était presque suppliant, elle le sentait, tout en levant vers le ciel un regard de mauvaise foi, car il pleuvait de plus belle. En même temps, elle pensait. « Mais que peut me faire l'approbation de cette femme, si elle ne veut pas de ce ticket, qu'elle le jette. Je m'en moque qu'elle attende une demi-heure de plus, moi. » Elle se sentait totalement désemparée : « Qu'est-ce qui m'a pris ? J'aurais dû faire comme tout le monde : jeter mon ticket. Quelle est cette manie de vouloir plaire, de vouloir instaurer des rapports affectueux place de l'Alma, à six heures et demie du soir, devant un autobus, de vouloir que tout le monde m'aime. Les rapports affectueux, les grands élans de sentiments entre inconnus, cela se passe entre deux whiskies, chez les gens qui en ont les moyens, ou dans un bar calfeutré, ou dans une révolution. » En même temps, elle souhaitait désespérément se prouver le contraire. La femme tendit la main, saisit le ticket :

« Vous êtes bien aimable », dit-elle.

Elle sourit. Lucile lui renvoya un sourire incertain
et s'éloigna. Elle allait suivre les quais jusqu'à la
Concorde, traverser, prendre la rue de Lille. Elle se souvint tout à coup d'avoir fait cette même promenade
à pied, un soir, le soir où elle avait connu Antoine.
Mais c'était alors le début du printemps, ce jeune
homme était inconnu et ils étaient partis à pied de leur
plein gré dans la nuit tiède et solitaire, dédaignant les
taxis pour d'autres raisons que celle qui l'en détournait aujourd'hui. « Il faudrait que je m'arrête de gro-
gner », pensa-t-elle. Que faisaient-ils ce soir ? Ils devaient dîner chez Lucas Solder, un ami d'Antoine. C'était
un journaliste énervé, bavard avec un grand goût
pour les abstractions. Il amusait Antoine et eût amusé
Lucile si sa femme, depuis longtemps dépassée, n'eût
tenté chaque fois d'engager avec elle des conversations
qui allaient des derniers soldes aux maladies féminines.
De plus, Nicole, qui aimait « se débrouiller », confec-
tionnait des menus économiques et immangeables. « Je
serais volontiers allée dîner au Relais-Plazza, marmonna Lucile en marchant. J'aurais pris un daiquiri
glacé avec le barman et commandé un hamburger avec
une salade. Au lieu de la soupe épaisse, du ragoût immonde, des fromages desséchés, des trois fruits qui
m'attendent. A croire qu'il n'y a que les gens riches
qui aient le droit de manger peu... » Elle se berça un
instant de cette image, le bar du Plazza à moitié vide,
les éternels glaïeuls au bout du long bar, les maîtres
d'hôtel affables et elle, seule à une table, lisant un journal nonchalamment en regardant passer les visons des

Américaines. Elle se rendit compte avec un petit pincement au cœur que cette rêverie excluait Antoine,
qu'elle s'était imaginée sans lui. Il y avait bien longtemps qu'elle n'avait pris un repas seule, sans doute,
mais elle se sentit coupable. Elle courut dans la rue
de Lille et dans l'escalier. Antoine était allongé sur le
lit avec *Le Monde* — il semblait qu'elle fût vouée à
des hommes qui lisent *Le Monde* —, il se redressa et
elle se jeta dans ses bras. Il avait chaud, il sentait la
fumée, il était immense, ainsi, allongé sur ce lit, elle ne
se lassait pas de ce corps osseux, de ces yeux clairs, des
mains dures qui écartaient ses cheveux trempés. Il
marmonnait quelque chose sur la folie des femmes qui
errent sous la pluie.

« Alors, dit-il enfin, et le film ?

— C'était superbe, dit-elle.

— Avoue que j'ai eu raison de t'y envoyer.

— J'avoue », dit-elle.

Elle était debout dans la salle de bain en avouant
de la sorte, une serviette dans la main droite et elle
se vit soudain dans la glace un drôle de petit sourire
inconnu. Elle resta interdite un instant, puis passa la
serviette sur la glace, doucement, comme pour en ef-
facer un complice qui ne devait pas être.

XIX

ELLE attendait Antoine dans le petit bar de la rue de
Lille où ils avaient pris l'habitude de se retrouver le
soir vers six heures et demie. Elle discutait courses
avec le garçon, un nommé Etienne, assez bel homme,
très bavard qu'Antoine soupçonnait de nourrir pour
elle des sentiments coupables. Il était arrivé à Lucile
de suivre ses conseils hippiques et le résultat avait toujours été désastreux, aussi Antoine, en arrivant, leur
jetait-il toujours un regard soupçonneux, non par jalousie mais par crainte d'une catastrophe matérielle.
Ce jour-là, Lucile était de très bonne humeur. Ils
s'étaient endormis très tard, ils avaient passé la nuit à
faire des projets compliqués et triomphants qu'elle ne
se rappelait plus très bien, mais qui les conduisaient
rapidement sur une plage, en Afrique, ou dans une maison de campagne idéale près de Paris. En attendant,
Etienne, l'œil étincelant, lui parlait d'une nommée Am-
broisie II, cotée dix contre un et qui devait gagner à
coup sûr le lendemain à Saint-Cloud. Et le billet de
mille francs qui sommeillait solitairement dans la poche de Lucile, aurait sans doute changé de propriétaire

si Antoine n'était arrivé, l'air agité. Il embrassa Lucile, s'assit et commanda deux whiskies, ce qui, étant
donné qu'on se trouvait être le 26 du mois, était un signe de fête.

« Que se passe-t-il ? dit Lucile.

— J'ai parlé à Sirer, dit Antoine (et devant l'air incompréhensif de Lucile), tu sais, le directeur du *Réveil*..
Il a une place pour toi aux Archives.

— Aux Archives ?

— Oui. C'est assez amusant, il n'y a pas trop de
travail et il te donne cent mille francs par mois pour
commencer. »

Lucile le regardait avec consternation. Elle se rappelait parfaitement à présent ce dont ils avaient parlé la
nuit passée. Ils étaient convenus ensemble que la vie
de Lucile n'était pas une vie, qu'elle devait faire quelque chose. Elle avait accueilli avec entrain l'idée de
travailler, elle avait même développé une image lyri-
que d'elle-même dans un journal, grimpant peu à peu
les échelons, devenant une de ces brillantes journalistes
féminines dont on parlait à Paris; bien sûr, elle aurait
beaucoup de travail et beaucoup de soucis, mais elle
sentait en elle assez de ténacité, d'humour, d'ambition
pour y arriver. Ils auraient un appartement somptueux
payé par le journal car ils seraient obligés de recevoir
beaucoup, mais ils fuiraient ensemble tous les ans, sur
un bateau, au moins un mois, en Méditerranée. Elle
avait développé cette théorie avec enthousiasme devant Antoine, d'abord sceptique, puis, peu à peu intéressé car personne n'était plus convaincante que Lucile
dans ses projets, surtout quand ils étaient aussi fous,

aussi contraires à sa nature que celui-là. Mais qu'avait-
elle pu boire ou lire la veille pour se lancer dans une
telle histoire ? Elle n'avait pas plus d'ambition que de
ténacité, pas plus envie d'avoir un métier que de se
tuer.

« Tu sais que pour ce genre de journal, c'est très
bien payé », dit Antoine.

Il avait l'air ravi de lui-même. Elle le regarda avec
attendrissement : il était toujours sous l'influence de ses
discours nocturnes, il avait dû y penser toute la journée, remuer ciel et terre à Paris. Il était très difficile
de trouver ce genre de situations à Paris, tant étaient
nombreuses les femmes du monde qui, se sentant brusquement menacées de dépression nerveuse pour cause
d'oisiveté, auraient payé volontiers elles-mêmes pour
nettoyer des parquets, à condition qu'ils fussent ceux
d'une maison d'éditions, de couture ou d'un journal. Et
voilà que ce fou de Sirer s'apprêtait à la payer, elle qui
n'aimait que l'oisiveté. La vie était stupide. Elle tenta
de sourire à Antoine.

« Tu n'as pas l'air enchanté, dit-il.

— Ça paraît trop beau », dit-elle sombrement.

Il lui jeta un regard amusé. Il savait bien qu'elle
regrettait ses décisions nocturnes, il savait aussi qu'elle
n'osait pas le lui dire. Mais il pensait vraiment qu'elle
ne pouvait pas ne pas s'ennuyer en vivant ainsi, qu'elle
finirait par se lasser de sa vie et de lui-même. Plus bas,
il se disait aussi que ces cent mille francs, ajoutés à son
salaire à lui, permettraient à Lucile une vie beaucoup
plus facile matériellement. Avec ce bel optimisme des
hommes, il imaginait Lucile s'achetant gaiement deux

petites robes par mois, qui, évidemment, ne seraient pas
signées d'un grand couturier, mais lui iraient parfaitement puisqu'elle était bien faite. Elle prendrait des
taxis, elle verrait des gens, elle s'occuperait un peu de
politique, du monde en général, des autres enfin. Sans
doute, il regretterait de ne pas trouver en rentrant
chez lui, comme un animal enfoui dans sa tanière, cette
femme qui ne vivait que de lectures et d'amour mais
il s'en sentirait vaguement rassuré. Car il y avait dans
cette vie immobile, un absolu du présent, un dédain
de l'avenir qui l'effrayait, le vexait même obscurément
comme s'il n'eût été qu'un des éléments d'un décor, un
décor de studio, qu'on brûlerait forcément, inexora-
blement au dernier tour de manivelle.

« Je commencerais quand ? » dit Lucile.

Elle souriait vraiment à présent. Après tout, elle
pouvait bien essayer. Il lui était déjà arrivé de travailler dans son jeune temps. Elle s'ennuierait sans
doute un peu mais elle le cacherait à Antoine.

« Le 1ᵉʳ décembre. Dans cinq ou six jours. Tu es
contente ? »

Elle lui jeta un coup d'œil méfiant. Pouvait-il vraiment croire qu'elle était contente ? Elle avait déjà
relevé des pointes de sadisme chez lui. Mais il avait
l'air innocent, convaincu. Elle hocha la tête gravement :

« Je suis très contente. Tu avais raison, ça ne pouvait pas durer. »

Il se pencha et l'embrassa, à travers la table, d'une
façon si impulsive et si tendre qu'elle sut qu'il la comprenait. Elle sourit contre sa joue et ils rirent d'elle,
ensemble, avec indulgence. Et sans doute, elle était

soulagée qu'il l'ait devinée, car elle n'aimait pas qu'il se trompât sur elle, mais, en même temps, elle lui gardait une vague rancune de l'avoir jouée.

Le soir, chez eux, Antoine, crayon en main, se livra à des calculs financiers des plus réjouissants. Il s'occupait évidemment du loyer, du téléphone, des choses ennuyeuses. Avec ses cent mille francs, Lucile payait ses robes, ses transports, ses déjeuners — il y avait une très bonne cantine d'ailleurs très gaie, au *Réveil* — où il pourrait venir déjeuner avec elle. Assise sur son lit, Lucile écoutait ces chiffres avec ahurissement. Elle avait envie de lui dire qu'une robe chez Dior coûtait trois cent mille francs, qu'elle haïssait le métro — fût-il direct — et que le simple mot de cantine lui donnait envie de fuir. Elle se sentait snob, d'un snobisme définitif et exaspéré. Mais quand il eut fini de marcher de long en large et qu'il tourna vers elle un visage souriant, indécis, comme incrédule à lui-même, elle ne put s'empêcher de sourire à son tour. Il était comme un enfant, il faisait des comptes d'épiciers comme en font les enfants, il faisait des budgets comme en font les ministres, il jouait avec les chiffres comme aiment faire les hommes. Qu'importait, après tout, que sa vie à elle dût se plier à ces équations chimériques tant que c'était lui qui les établissait.

XX

Il lui semblait être là depuis des années mais il n'y
avait que quinze jours qu'elle était entrée dans le bureau du *Réveil*. C'était une grande pièce grise, encom-
brée de bureaux, d'armoires, de classeurs et dont l'unique fenêtre donnait sur une petite rue des Halles. Elle
travaillait avec une jeune femme nommée Marianne,
enceinte de trois mois, très aimable, très efficace et qui
parlait avec la même vigilance attendrie de l'avenir
du journal et de celui de son rejeton. Et comme elle
était persuadée que ce dernier serait du sexe mâle, il
arrivait à Lucile quand Marianne proférait une de ces
sentences optimistes telles que : « Il n'a pas fini de faire
parler de lui » ou : « Il ira loin », de se demander un
instant s'il s'agissait de *Réveil* ou du futur Jérôme. Elles
triaient ensemble des coupures de journaux, cherchaient, au fur et à mesure des demandes, les dossiers
sur l'Inde, la pénicilline ou Gary Cooper, rétablissaient
l'ordre ensuite lorsqu'on leur rendait ces dossiers en
fouillis. Ce qui agaçait Lucile, c'était le ton d'urgence,
de sérieux qui régnait dans cet établissement et cette
sinistre notion d'efficacité dont on leur rebattait les

oreilles. Huit jours après son arrivée, elle avait assisté
à une réunion générale de la rédaction, véritable réunion d'abeilles bourdonnantes d'idées remâchées — où
l'on avait, par souci de démagogie, convié les four-
mies du rez-de-chaussée et des Archives. Durant deux
heures, elle avait assisté, hébétée, à une comédie hu-
maine accélérée où la flagornerie, la suffisance, la gravité, la médiocrité avaient mené bon train dans un
souci général d'améliorer le tirage du rival de Jérôme.
Seuls trois hommes n'avaient pas formulé de sottises,
le premier parce qu'il boudait systématiquement, le
second parce qu'il était directeur et — l'espérait-
elle — le directeur atterré et le troisième parce qu'il
avait l'air un peu plus intelligent. Elle avait fait un
récit épique de cette conférence à Antoine qui, après
avoir beaucoup ri, lui avait dit qu'elle exagérait et
qu'elle voyait tout en noir. Au reste, elle maigrissait
à vue d'œil. Elle s'ennuyait tellement qu'elle était
même incapable de finir le sandwich qu'à midi —
fuyant la cantine, une première et dernière fois tentée —
elle allait prendre dans une brasserie proche, en lisant
un roman. A six heures et demie, parfois huit heures
(ma petite Lucile, je suis navrée de vous mettre en
retard mais vous savez qu'on « boucle » après-demain)
elle cherchait vainement un taxi puis finissait, vaincue,
dans le métro, généralement debout car elle répugnait
encore à se battre pour un siège. Elle regardait les visages fatigués, soucieux, hagards de ses compagnons
de wagon, elle se sentait saisie de révolte, bien plus
pour eux que pour elle car il lui semblait évident que
tout cela, pour sa part, n'était qu'un mauvais rêve et

qu'elle allait se réveiller incessamment. Mais, chez eux, Antoine l'attendait, il la prenait dans ses bras, elle retrouvait aussitôt le sentiment d'exister.

Ce jour-là, elle n'en pouvait plus et, en arrivant dans sa brasserie, à une heure, elle commanda un cocktail au garçon étonné, car elle ne buvait jamais rien, puis un second. Elle avait un dossier à étudier et elle le feuilleta deux minutes avant de le refermer en bâillant. On lui avait pourtant laissé entendre qu'elle pourrait écrire trois lignes là-dessus et que, si elles plaisaient, ces trois lignes seraient peut-être publiées. Mais ce n'était pas possible, pas aujourd'hui. Ce n'était pas davantage possible de rentrer dans ce bureau gris tout à l'heure et de se mettre à jouer son petit rôle de jeune femme active, devant des gens qui joueraient leurs rôles de penseurs ou d'hommes d'action. C'étaient de mauvais rôles, tout au moins une mauvaise pièce. Et si Antoine avait raison, si cette pièce qu'elle était en train de jouer était une pièce convenable, utile, eh bien, c'était que son rôle à elle était mauvais ou qu'il était, en tout cas, écrit pour quelqu'un d'autre. Antoine avait tort, elle le savait à présent à la violente lumière de ses cocktails, car l'alcool a parfois des projecteurs impitoyables, définitifs et ils lui dévoilaient, à présent, les milliers de petits mensonges qu'elle se faisait à elle-même tous les jours pour se persuader qu'elle était heureuse. Elle était malheureuse, et c'était injuste. Une violente pitié pour elle-même l'envahissait. Elle commanda un troisième cocktail et le garçon lui demanda gentiment ce qui n'allait pas. Elle répondit « tout » d'un air lugubre et il lui signala qu'il y avait des jours

comme ça, qu'elle ferait mieux de prendre son sandwich et, pour une fois, de le manger car elle finirait
tuberculeuse comme son cousin, à lui, le garçon, qui
se trouvait à la montagne depuis bientôt six mois.
Ainsi il avait remarqué qu'elle ne mangeait rien, ainsi
il se faisait du souci pour elle, Lucile, qui lui disait à
peine bonjour et bonsoir, ainsi quelqu'un l'aimait. Et
elle se sentit tout à coup les larmes aux yeux. L'alcool
rendait aussi sentimental que lucide, elle l'avait oublié.
Elle commanda donc son sandwich et ouvrit sagement
le livre qu'elle avait emprunté à Antoine le matin.
C'était *Les Palmiers sauvages* de Faulkner et le destin l'amena assez vite au monologue d'Harry.

« ... La respectabilité. C'est elle qui est responsable
de tout. J'ai compris, il y a déjà quelque temps, que
c'est l'oisiveté qui engendre toutes nos vertus, nos qualités les plus supportables — contemplation, égalité
d'humeur, paresse, laisser les gens tranquilles, bonne
digestion mentale et physique : la sagesse de concen-
trer son attention sur les plaisirs de la chair — manger,
évacuer, forniquer, lézarder au soleil. Il n'y a rien de
mieux, rien qui puisse se comparer à cela, rien d'autre
en ce monde que vivre le peu de temps qui nous est
accordé, respirer, être vivant et le savoir. »

Lucile s'arrêta là, referma son livre, paya le garçon
et sortit. Elle se rendit droit au journal, expliqua à
Sirer qu'elle ne devait plus travailler, lui demanda de
ne pas en parler à Antoine et ne lui donna aucune
explication. Elle se tenait droite, butée, souriante devant lui et il la regardait avec ahurissement. Elle re-
partit aussitôt, héla un taxi, se fit conduire chez un bi-

joutier de la place Vendôme et revendit à moitié prix
le collier de perles que lui avait acheté Charles la
même année pour Noël. Elle commanda la copie en
perles fausses, dédaigna le sourire complice de sa ven-
deuse et sortit à l'air libre. Elle passa une demi-heure
au Jeu de Paume à regarder les impressionnistes, deux
heures au cinéma et, en rentrant, déclara à Antoine
qu'elle commençait à s'habituer au *Réveil*. Ainsi, il
ne se ferait aucun souci et elle serait tranquille quelque
temps. Tout compte fait, elle préférait lui mentir que
de se mentir à elle-même.

Elle eut alors quinze jours merveilleux. Paris lui était
rendu et sa paresse, et l'argent nécessaire pour exploi-
ter cette paresse. Elle menait la vie qu'elle avait toujours menée, mais en fraude, et, bien entendu, le sentiment de faire l'école buissonnière redoublait ses plaisirs les plus simples. Elle avait découvert au premier
étage d'un restaurant de la rive gauche une sorte de
bar-bibliothèque où elle passait ses après-midi, lisant
ou conversant avec la série de gens bizarres, désœuvrés
et généralement alcooliques qui le hantaient. L'un d'eux,
noble vieillard qui se disait prince, l'invita un jour à
déjeuner au Ritz et elle mit une heure à s'habiller le
matin, cherchant lequel de ses petits tailleurs offerts
par Charles était le plus dans les couleurs à la mode.
Elle fit un déjeuner irréel et exquis à l'Espadon, en
face d'un homme qui lui mentait gravement en lui
racontant une vie inspirée à la fois de Tolstoï et de
Malraux, un homme à qui elle mentait aussi, en lui ra-

contant, par politesse, une vie à la Scott Fitzgerald. Il
fut donc un prince russe et historien, elle fut une héri-
tière américaine un peu plus cultivée que d'habitude.
Ils étaient tous deux trop aimés et trop riches, les maîtres d'hôtel voltigeaient autour de leur table et ils évo-
quaient Proust qu'il avait fort bien connu. Il paya une
addition qui devait grever définitivement le budget
de son mois à venir et ils se quittèrent à quatre heures,
enchantés l'un de l'autre. En rentrant, elle raconta
mille anecdotes à Antoine sur la vie quotidienne du
Réveil, elle le fit rire; elle lui mentait d'autant plus
qu'elle l'aimait, d'autant plus qu'elle était heureuse
et qu'elle avait envie de lui faire partager ce bonheur.
Bien sûr, un jour il saurait; un jour, Marianne qu'elle
avait pourtant prévenue, répondrait au téléphone qu'elle
était « sortie » depuis un mois, mais, au contraire, cette
menace donnait à toutes ses journées actuelles une sa-
veur imprévue. Elle achetait des cravates pour Antoine,
des livres d'art pour Antoine, des disques pour Antoine,
elle parlait d'avances, de piges, de n'importe quoi, elle
était gaie et Antoine était emporté par sa gaieté. Avec
le prix du collier, elle avait deux mois d'assurés, deux
mois de fainéantise, de luxe et de mensonges, deux
mois de bonheur.

Journées oiseuses et similaires, journées si pleines
d'être si parfaitement vides, journées si agitées d'être
si tranquilles, l'esprit se mouvant enfin dans un temps
sans limites, sans repères, sans but. Elle retrouvait ses
journées de jeunesse lorsqu'elle dédaignait systématiquement les cours de la Sorbonne, elle retrouvait ce
parfum d'illégalité qu'elle avait perdu depuis si long-

temps. Car il n'y avait pas de mesure entre le temps
libre que lui laissait Charles et le temps libre qu'elle
volait à Antoine. Et quel meilleur souvenir peut laisser une adolescence que celui d'un long et tendre mensonge commis envers les autres, l'avenir et souvent soi-
même. A quel point se mentait-elle en courant ainsi
au-devant de ce qui serait forcément une catastrophe,
la colère d'Antoine provoquée, la confiance d'Antoine
perdue, l'obligation où ils seraient tous deux d'admettre
ensemble qu'elle ne pourrait jamais vivre avec lui de
cette vie normale, équilibrée et relativement facile qu'il
lui proposait ? Elle savait fort bien que le fait de dissimuler provisoirement ce gâchis ne signifiait en rien
qu'elle fût décidée à le réparer. Il y avait en elle quelque chose d'effroyablement résolu, mais elle ignorait
à quoi. En fait, elle était résolue à ne faire que ce
qui lui plaisait, mais c'est un aveu que l'on se fait difficilement quand on aime quelqu'un d'autre. Tous les
soirs, elle retrouvait la chaleur, le rire, le corps d'Antoine et, pas un instant, elle n'avait le sentiment de le
tromper. Elle ne pouvait pas plus imaginer la vie sans
lui que la vie dans un bureau. Et cette alternative lui
semblait de plus en plus arbitraire.

Il fit très froid et, peu à peu, elle retomba dans sa
vie sédentaire. Elle se levait en même temps qu'Antoine, descendait prendre un café avec lui, l'accompagnait parfois jusqu'à la maison d'éditions puis elle repartait officiellement pour son rude labeur, en fait vers
leur chambre. Elle se déshabillait, se recouchait et dormait jusqu'à midi. L'après-midi, elle lisait, écoutait
des disques, fumait beaucoup, puis à six heures, elle

refaisait le lit, enlevait les traces de son passage et partait au petit bar de la rue de Lille chercher Antoine, ou, plus sadiquement, au bar du Pont-Royal où elle attendait qu'il fût huit heures pour regagner, l'air épuisé, la rue de Poitiers. Là, Antoine l'attendait, la plaignait, l'embrassait et elle se blottissait dans cette tendresse, cette commisération, cette douceur sans le moindre remords. Après tout, elle était à plaindre de devoir se compliquer la vie de la sorte pour un homme si peu simple. Il eût été facile de dire : « J'ai quitté le *Réveil* » et de ne plus avoir à se livrer à ces pantomimes. Mais puisque ces pantomimes rassuraient Antoine, autant les exécuter. Par moments, elle se jugeait une sainte.

Aussi, le jour qu'Antoine découvrit la vérité, fut-elle complètement désorientée.

« Je t'ai appelée trois fois cet après-midi », dit-il.

Il avait jeté son imperméable sur la chaise sans l'embrasser et il restait debout devant elle, immobile. Elle sourit :

« J'ai dû sortir deux bonnes heures. Marianne ne te l'a pas dit.

— Mais si, mais si. A quelle heure es-tu partie du journal ?

— Il doit y avoir une heure.

— Ah ? »

Il y avait quelque chose dans ce « ah » qui inquiéta Lucile. Elle leva les yeux mais Antoine ne la regardait pas.

« J'avais rendez-vous à côté du *Réveil*, dit-il très vite. Je t'ai appelée pour te dire que je passerais te cher-

cher. Tu n'étais pas là. Je suis donc venu directement
à cinq heures et demie. Voilà.

— Voilà, répéta-t-elle machinalement.

— Ils ne t'ont pas vue depuis trois semaines. Ils ne
t'ont pas payé un centime. Je... »

Il avait parlé presque bas jusque-là, puis soudain
sa voix s'éleva. Il arracha brusquement sa cravate et
la jeta vers elle :

« D'où vient cette cravate neuve ? Et ces disques ?
Où as-tu déjeuné ?

— Voyons, dit Lucile, ne crie pas... Tu ne penses
quand même pas que j'ai fait le trottoir... ne sois pas
ridicule... »

La gifle d'Antoine la surprit tellement qu'elle ne
bougea pas et garda même une seconde ce petit sourire
rassurant qu'elle avait adopté. Puis, elle sentit la chaleur sur sa joue et y porta sa main machinalement.
Mais ce geste enfantin redoubla la colère d'Antoine.
Il avait de ces longues et douloureuses colères des gens
nonchalants, bien plus douloureuses pour les bourreaux que pour les victimes.

« Je ne sais pas ce que tu as fait. Je sais que tu m'as
menti, sans arrêt, depuis trois semaines. C'est tout ce
que je sais. »

Il y eut un silence. Lucile pensait à sa gifle, elle se demandait avec un mélange de colère et d'amusement
ce qu'il convenait de faire. La fureur d'Antoine lui ap-
paraissait toujours comme disproportionnée aux faits.

« C'est Charles », dit Antoine.

Elle le regarda, ébahie :

« Charles ?

— Oui, Charles. Les cravates, les disques, tes chandails, ta vie. »

Elle comprit enfin. Elle eut envie de rire un instant, puis elle vit le visage ravagé d'Antoine, sa pâleur et elle eut brusquement affreusement peur de le perdre.

« Ce n'est pas Charles, dit-elle très vite. C'est Faulkner. Non, écoute, je vais t'expliquer. L'argent, c'est les perles. Je les ai vendues.

— Tu les avais hier.

— Elles sont fausses, tu n'as qu'à regarder. Il suffit de les mordre et tu... »

Ce n'était pas le moment de conseiller à Antoine de mordre ses perles, elle le sentait bien, ni d'évoquer Faulkner. Elle était décidément plus adroite dans le mensonge que dans la vérité. Sa joue la brûlait.

« Je n'en pouvais plus de travailler...

— Au bout de quinze jours...

— Au bout de quinze jours, oui. J'ai été chez Doris, le bijoutier, place Vendôme, j'ai vendu mes perles, j'ai fait faire une copie, voilà.

— Et qu'as-tu fait toute la journée ?

— Je me suis promenée, je suis restée ici; comme avant. »

Il la regardait fixement et elle avait envie de détourner les yeux. Mais il était convenu depuis toujours que détourner les yeux dans ce genre de scènes était un signe de mensonges. Elle s'obligea donc à fixer Antoine. Son regard jaune était devenu plus sombre et elle pensa confusément que la colère l'embellissait, chose très rare.

« Pourquoi te croirais-je ? Voilà trois semaines que
tu me mens sans arrêt.

— Parce que je n'ai rien d'autre à t'avouer », dit-
elle avec lassitude, et elle se détourna. Elle s'appuya
du front à la fenêtre, enregistra machinalement la dé-
marche nonchalante d'un chat sur le trottoir, noncha-
lance inusitée par ce froid. Elle continua d'une voix pai-
sible :

« Je t'avais dit que je n'étais pas faite pour... pour
rien de ce genre. Je serais morte ou je serais devenue
laide. J'étais malheureuse, Antoine. C'est tout ce que tu
as à me reprocher.

— Pourquoi ne me l'as-tu pas dit ?

— Tu étais content que je travaille. Que je m'intéresse à « la vie ». Je pouvais bien faire semblant. »

Antoine s'allongea sur le lit. Il avait passé deux heures
de désespoir, de jalousie interminables et son geste de
colère l'avait épuisé. Il la croyait, il savait qu'elle disait la vérité et cette vérité lui semblait à la fois apai-
sante mais d'une amertume sans bornes. Elle était
seule, elle serait toujours seule, et il se demanda un
instant s'il n'eût pas préféré qu'elle l'ait trompé. Il pro-
nonça son nom d'une voix lointaine :

« Lucile... tu n'as aucune confiance en moi ? »

Elle était penchée sur lui, la seconde d'après, elle
embrassait sa joue, son front, ses yeux, elle murmurait
qu'elle l'aimait, qu'elle n'aimait que lui, qu'il était fou
et bête et cruel. Il la laissait faire, il souriait même un
peu, il était parfaitement désespéré.

XXI

Un mois passa. Lucile avait réintégré sa tanière d'une
manière légale, mais elle éprouvait à présent une certaine gêne, lorsqu'Antoine revenait, à répondre « rien »,
toujours « rien », lorsqu'il lui demandait ce qu'elle
avait fait. Il lui posait d'ailleurs la question machinalement, sans acrimonie, mais il la posait quand même.
Et par moments, elle distinguait dans ses yeux une
sorte de tristesse confuse, de méfiance. Il l'aimait avec
une frénésie, une rage appliquées et après, tandis qu'il
gisait sur le dos, lorsqu'elle se penchait sur lui, il lui
semblait qu'il la regardait, sans la voir, qu'il voyait
même à sa place un bateau filant sur la mer, ou un
nuage entraîné par le vent, en tout cas quelque chose
de mouvant, quelque chose en train de disparaître.
Mais il ne l'avait jamais tant aimée et il le lui disait.
Elle retombait alors à ses côtés, elle fermait les yeux,
elle se taisait. On dit que tant de gens oublient ce que
parler veut dire, mais tant de gens oublient ce que taire
peut signifier de fou, d'extravagant, d'absurde. Elle
voyait passer des bribes de son enfance sous ses paupières closes, elle voyait défiler les visages oubliés de cer-

tains hommes, celui plus proche de Charles, elle se rappelait soudain la cravate d'Antoine sur le tapis de
Diane, ou la forme du grand arbre au Pré-Catelan.
Et tous ces souvenirs, au lieu de former ce groupe ho-
mogène et vague qu'elle nommait gaiement sa vie lorsqu'elle était si heureuse, devenait un magma confus et
inquiétant à présent qu'elle l'était moins. Antoine avait
raison : qu'allaient-ils devenir, où voguaient-ils ainsi
tous les deux, que deviendraient-ils ? Et ce lit qui avait
été le plus beau bateau de Paris devenait un radeau à
la dérive, et cette chambre si familière un décor abs-
trait. Il avait introduit la notion du futur dans la tête
de Lucile et, ce faisant, il semblait qu'il l'eût rendu impossible entre eux.

Elle se réveilla un matin de janvier avec un violent
mal au cœur. Antoine était déjà parti car il partait
parfois à présent sans la réveiller comme si elle eût
été convalescente. Elle passa dans la salle de bain et
fut malade sans trop d'étonnement. Les bas qu'elle
avait dû laver la veille séchaient sur le petit radiateur
et c'est en les regardant, en réalisant qu'il n'y en avait
plus d'autres dans son tiroir, que la chambre était aussi
exiguë que cette salle de bain, bref, qu'elle n'en avait
pas les moyens, qu'elle décida de ne pas garder l'enfant d'Antoine.

Il lui restait quarante mille francs et elle était enceinte. Elle était enfin, après un long combat, rejointe
et coincée par la vie. Par ce que ses compagnons de
métro subissaient comme telle, par ce que les écrivains

décrivaient comme telle : un monde où l'irresponsabilité était punie. Antoine l'aimait et il serait prêt à jouer les futurs pères selon la manière dont elle lui présenterait la chose. Si elle lui disait : « Il nous arrive quelque chose de charmant », il prendrait cet enfant à venir comme un bonheur, elle le savait. Mais elle n'en avait pas le droit. Parce que cet enfant aliénerait définitivement sa liberté et, de ce fait, ne la rendrait pas heureuse. Et puis, elle le savait, elle avait déçu Antoine et elle l'avait conduit à ce stade d'une passion où tout ressemble à une preuve. Et il serait prêt à prendre comme tel cet accident qui n'en était pas une. Elle l'aimait trop, ou pas assez, elle n'avait pas envie de cet enfant, elle n'avait envie que de lui, heureux, blond, les yeux jaunes, libre de la quitter. Et, c'était sans doute sa seule honnêteté, que, refusant délibérément toute responsabilité, elle refusât aussi d'en charger quelqu'un d'autre. Ce n'était pas le moment de rêvasser sur un petit Antoine de trois ans courant sur une plage. Ni sur Antoine corrigeant sévèrement les devoirs de son fils. C'était le moment d'ouvrir les yeux, de comparer la taille de la chambre et celle d'un berceau, le salaire d'une nurse et le salaire d'Antoine. Tout cela était incompatible. Il y avait des femmes qui se seraient débrouillées de tout cela mais elle n'en était pas. Ce n'était pas le moment non plus de rêvasser sur elle-même.

Quand Antoine revint, elle lui expliqua donc qu'elle avait des ennuis. Il pâlit un peu puis la prit dans ses bras. Il parlait d'une voix rêveuse et elle se sentit serrer les mâchoires d'une manière stupide.

« Tu es sûre que tu n'en as pas envie ?

— Je n'ai envie que de toi », dit-elle.

Elle ne lui parlait pas des difficultés matérielles, elle avait peur de l'humilier. Et, en caressant ses cheveux, il pensait que si elle l'eût voulu, il eût aimé passionnément avoir un enfant d'elle. Seulement c'était un être de fuite, c'était pour cela qu'il l'aimait et il ne pouvait lui en faire le reproche. Il fit un dernier effort :

« On pourrait essayer de se marier et tout cela. On déménagerait.

— Où irions-nous ? dit-elle. Tu sais, je crois aussi que c'est terriblement astreignant, un enfant. Tu rentrerais pour me trouver excédée, de mauvaise humeur... ce serait...

— Et comment font les autres gens, d'après toi ?

— Ils ne font pas comme nous », dit-elle, et elle s'éloigna de lui.

Cela voulait dire : « Ils ne sont pas farouchement décidés à être heureux. » Il ne répondit rien. Le soir, ils sortirent et burent beaucoup. Le lendemain, il demanderait une adresse à un ami.

XXII

L'INTERNE avait une figure droite et laide, méprisante.
Elle ne savait pas si c'était le mépris de lui-même ou
de toutes les femmes qu'il soulageait tant bien que mal
depuis deux ans, pour la somme modique de quatre-
vingt mille francs. Il faisait ça chez elles, sans anesthé-
sie, et il ne revenait pas si cela tournait mal. Ils avaient
rendez-vous le lendemain soir et elle grelottait de peur
et de haine à la simple idée de le revoir. Antoine avait
emprunté les quarante mille francs qui leur manquaient à sa maison d'éditions, non sans mal et, par
chance, il n'avait pas vu le fameux interne qui se refusait, par une moralité bizarre ou par prudence, à
voir « les types ». Autrement il y avait bien un médecin suisse, près de Lausanne mais il fallait être à la
tête de deux cent mille francs, plus le voyage. C'était
exclu et elle n'en avait même pas parlé à Antoine.
C'était une adresse snob. Pas question pour elle de cli-
nique, d'infirmière et de piqûres. Elle allait se livrer
à ce boucher, essayer d'en réchapper et, probablement,
traîner des mois après une santé délabrée. C'était
trop bête, trop odieux. Et elle qui n'avait jamais re-

gretté ses sottises pensait à présent avec amertume à
son collier de perles, prématurément vendu. Elle finirait comme l'héroïne des *Palmiers sauvages* avec une
bonne septicémie et Antoine irait en prison. Elle tournait dans la chambre comme un animal, elle regardait son visage, son corps mince, elle s'imaginait en-
laidie, malade, dolente, à jamais privée de cette bonne
santé insolente qui assurait en grande partie son bonheur de vivre, elle enrageait. A quatre heures, elle téléphona à Antoine, il avait la voix lasse, inquiète, elle
n'eut pas le courage de lui parler de sa peur. A cet ins-
tant-là pourtant, elle aurait pu, s'il le lui avait demandé, décider de garder l'enfant. Mais elle le sentit
étranger, elle le sentit impuissant et elle eut tout à coup
très envie d'une protection quelconque. Elle regretta
de n'avoir aucune amie femme, à qui elle puisse parler
de ces complications strictement féminines, à qui elle
puisse demander de ces détails qui jusque-là l'horri-
fiaient. Mais elle ne connaissait aucune femme et sa
seule amie avait sans doute été Pauline. Et, en se murmurant ce nom, elle repensa automatiquement à Charles, Charles qu'elle avait supprimé de sa mémoire comme un remords inconfortable, comme le nom qui pouvait faire encore souffrir Antoine. En un instant, elle sut
qu'elle allait lui demander son aide, que personne ne
l'en empêcherait, qu'il était le seul être humain capable de faire quelque chose pour dissiper ce cauchemar.

Elle lui téléphona, elle refit le vieux numéro du
bureau, elle salua la standardiste. Il était là. Elle eut
une curieuse émotion en entendant sa voix et elle mit
un instant à retrouver son souffle :

« Charles, dit-elle, je voudrais vous voir. J'ai des ennuis.

— Je vous envoie la voiture dans une heure, dit-il d'un air calme. Ça ira ?

— Oui, oui, dit-elle. A tout à l'heure. »

Elle attendit une seconde qu'il raccroche puis, comme il ne le faisait pas, elle se souvint de son infaillible politesse et raccrocha elle-même. Elle s'habilla précipitamment, et dut attendre ensuite trois quarts d'heure, le front à la vitre, que la voiture arrivât. Le chauffeur la salua joyeusement et elle s'assit sur les sièges familiers avec une impression de soulagement sans bornes.

Pauline ouvrit la porte et l'embrassa. L'appartement était toujours le même, chaud, vaste, tranquille et la moquette sous les meubles anglais était d'un bleu aussi doux à l'œil. Un instant, elle se sentit mal habillée puis elle se mit à rire. C'était un peu le retour de l'enfant prodigue, mais porteur lui-même d'un enfant. La voiture était repartie chercher Charles et elle s'assit dans la cuisine avec Pauline comme autrefois, devant un whisky. Pauline la trouva maigrie, les yeux cernés, grommela, et Lucile eut envie de mettre la tête sur son épaule et de lui abandonner son sort. Elle admirait en même temps la gentillesse de Charles qui la faisait revenir seule chez lui, comme si elle eût encore été chez elle, qui lui laissait le temps de se réhabituer à son passé, elle ne songeait pas que c'était peut-être de l'habileté. Et quand il entra dans le hall et cria : « Lucile », d'une voix presque gaie, elle se sentit tout à coup revenue six mois en arrière.

Il avait maigri aussi et vieilli. Il lui prit le bras pour

la mener au salon. Il commanda fermement deux autres
scotchs à Pauline qui protestait, puis ferma la porte et
s'assit en face d'elle. Elle était tout à coup intimidée.
Elle jeta un coup d'œil circulaire, remarqua à voix
haute que rien n'avait changé et il répéta qu'en effet,
rien n'avait changé, même lui, d'une voix trop tendre
et elle pensa avec affolement qu'il croyait peut-être
qu'elle revenait. Elle se mit à parler si vite qu'il dut
lui faire répéter :

« Charles, j'attends un enfant, je ne veux pas le garder, il faut que j'aille en Suisse, je n'ai pas d'argent. »

Il murmura qu'il pensait à quelque chose de ce genre.

« Etes-vous sûre que vous ne vouliez pas le garder ?

— Je n'en ai pas les moyens. « Nous » n'en avons
pas les moyens, reprit-elle en rougissant. Et puis je
veux être libre.

— Vous êtes parfaitement sûre que ce n'est pas
une question uniquement matérielle ?

— Parfaitement sûre », dit-elle.

Il se leva, fit quelques pas dans la pièce, puis se retournant, se mit à rire tristement :

« La vie est mal faite, n'est-ce pas ?... J'aurais donné
très cher pour avoir un enfant de vous et vous auriez eu
deux nurses, si vous l'aviez voulu... Mais vous n'auriez
pas gardé un enfant de moi non plus, n'est-ce pas ?

— Non.

— Vous ne voulez rien avoir à vous, n'est-ce pas ?
Ni un mari, ni un enfant, ni une maison... vraiment
rien. C'est bien curieux.

— Je ne veux rien posséder, dit-elle, vous le savez.
J'ai horreur de la possession. »

Il passa derrière son bureau, remplit un chèque; le lui tendit.

« J'ai une très bonne adresse à Genève, je vous demande seulement d'y aller, je serai plus tranquille. Vous me le promettez ? »

Elle hocha la tête. Elle avait la gorge serrée, elle eût voulu à présent lui crier de ne pas être si gentil, si rassurant, de ne pas la mener à ces larmes qu'elle sentait affluer à ses paupières. Des larmes de soulagement, d'amertume, de mélancolie. Elle fixait la moquette bleue, elle respirait l'odeur du tabac et du cuir qui régnait toujours dans ce bureau, elle entendait la voix de Pauline en bas qui riait avec le chauffeur. Elle se sentait au chaud, à l'abri.

« Vous savez, dit Charles, je vous attends toujours. Je m'ennuie affreusement sans vous. Ce n'est pas très délicat de vous le dire aujourd'hui mais nous nous voyons peu. »

Et il eut un petit rire forcé qui acheva la déroute de Lucile. Elle se leva d'un bond, balbutia : « Merci », d'une voix rauque, et se précipita vers la porte. Elle descendit l'escalier en larmes, comme la fois précédente et elle entendit Charles crier : « Donnez-moi de vos nouvelles, après, ou à ma secrétaire, je vous en prie », tandis qu'elle repartait sous la pluie. Elle se savait sauvée, elle se sentait perdue.

« Je ne veux pas de cet argent, dit Antoine. Penses-tu un instant à ce que cet homme croit de moi ? Me prend-il pour un maquereau ? Je lui prends sa femme et je lui fais payer mes sottises ?

— Antoine...

— C'est trop, c'est beaucoup trop. Je ne suis pas un modèle de moralité mais il y a des limites. Tu refuses un enfant de moi, tu me mens, tu vends des perles en cachette, tu fais n'importe quoi pour ton bon plaisir. Mais je ne veux pas que tu empruntes de l'argent à ton ancien amant pour tuer l'enfant de l'actuel. Ce n'est pas possible.

— Tu trouves plus moral, sans doute, que je me fasse charcuter par un boucher que « tu » aurais payé. Qui m'opérera à froid, sans le moindre anesthésique, qui me laissera crever s'il y a la moindre infection ? Tu trouves cela moral que je sois à jamais malade, peut-être, tant que ce n'est pas Charles qui l'empêche ? »

Ils avaient éteint la lampe rouge, ils parlaient à voix basse, tant l'horreur de leur discussion les soulevait. Pour la première fois, ils se méprisaient l'un l'autre, ils s'en voulaient de se mépriser, ils ne se maîtrisaient plus.

« Tu es lâche, lâche et égoïste, Lucile. Tu te retrouveras seule à cinquante ans, sans rien. Ton fichu charme ne marchera plus. Tu n'auras personne pour te réchauffer.

— Tu es aussi lâche que moi. Tu es hypocrite. Ce qui te gêne, ce n'est pas que je tue cet enfant, c'est que ce soit Charles qui paie l'opération. Ton honneur avant ma santé. Où vas-tu le mettre ton honneur, dis-le-moi ? »

Ils avaient froid, ils évitaient de se toucher, ils sentaient peser sur eux, dans ce grand lit — qui avait été si longtemps la seule manière d'y échapper — le poids

du monde. Ils voyaient des soirées solitaires, des ennuis d'argent, des rides, ils voyaient décoller dans un
torrent de feu les fusées atomiques, ils voyaient un avenir hostile, difficile, ils voyaient la vie l'un sans l'autre,
la vie sans amour. Il sentait que s'il laissait partir Lucile
en Suisse, il ne se le pardonnerait pas, qu'il lui en voudrait aussi et que ce serait la fin de leur amour. Il sentait
que cet interne était dangereux. Il sentait que s'il gardait
cet enfant, elle serait peu à peu accablée par l'usure des
jours, qu'elle s'ennuierait et qu'elle ne l'aimerait plus.
Elle était faite pour les hommes, pas pour les enfants,
elle ne serait jamais assez adulte elle-même. Et si, un
jour, elle devenait adulte, elle ne s'aimerait pas ainsi.
Toute la journée, il se disait : « Ce n'est pas possible,
toutes les femmes un jour ou l'autre passent par là, font
des enfants, ont des ennuis d'argent, c'est la vie, il faut
qu'elle le comprenne. Ce n'est que de l'égoïsme chez
elle. » Mais quand il la revoyait, quand il regardait ce
visage intact, insouciant, distrait, il avait l'impression que
ce n'était pas une faiblesse honteuse chez elle mais bien
une force profonde, cachée, animale qui la détournait
de la vie dans son sens le plus naturel. Et il ne pouvait
s'empêcher d'éprouver un vague respect pour ce qu'il
méprisait dix minutes auparavant. Intouchable, sa
volonté de plaisir la rendait intouchable, faisait qu'on
nommait intégrité son égoïsme, désintéressement son
indifférence. Il eut un drôle de gémissement, un gémissement qui lui sembla venir de son enfance, de sa venue
au monde, de tout son destin d'homme.

   « Lucile, je t'en prie, garde cet enfant. C'est notre
seule chance. »

Elle ne répondit pas. Quelques minutes après, il tendit la main vers elle, toucha son visage. Il rencontra les larmes qui glissaient sur sa joue, son menton, il les essuya maladroitement.

« Je demanderai une augmentation, reprit-il, nous nous arrangerons. Il y a plein d'étudiants qui viennent garder les enfants le soir, ou on peut les mettre dans des crèches toute la journée... ce n'est pas si difficile. Il aura un an, deux ans, dix ans, il sera à nous. J'aurais dû te dire tout cela le premier jour, je ne sais pas pourquoi je ne l'ai pas fait. Il faut essayer, Lucile.

— Tu sais bien pourquoi tu ne l'as pas fait. Tu n'y croyais pas. Pas plus que moi. »

Elle parlait d'une voix tranquille mais elle continuait à pleurer.

« Nous n'avons pas commencé ainsi. Nous nous sommes cachés longtemps, nous avons trompé des gens, nous les avons rendus malheureux. Nous étions faits pour l'illégalité et pour notre plaisir. Pas pour être malheureux ensemble. Nous ne nous sommes unis que pour le meilleur, Antoine, tu le sais bien... Ni toi ni moi n'avons la force de... faire comme eux. »

Elle se retourna sur le ventre, mit la tête sur son épaule :

« Le soleil, les plages, l'oisiveté, la liberté... c'est notre dû, Antoine, nous n'y pouvons plus rien. C'est dans notre tête, notre peau. C'est ainsi. Nous sommes probablement ce qu'ils appellent des gens pourris. Mais je ne me sens pourrir que quand je fais semblant de les croire. »

Il ne répondit pas. Il regardait la tache du réverbère

au plafond, il revoyait le visage égaré de Lucile quand il avait voulu la faire danser de force, au Pré-Catelan. Il se rappelait l'immense nostalgie qu'il avait eue de ses larmes à ce moment-là, il se rappelait avoir passionnément désiré qu'elle pleurât une nuit contre lui pour pouvoir la consoler. Et elle pleurait à présent et il avait gagné, mais il ne pouvait pas la consoler. Ce n'était pas la peine de se mentir; il n'avait pas si envie de cet enfant, il n'avait envie que d'elle, seule et insaisissable et libre. Leur amour avait toujours été posé sur l'inquiétude, l'insouciance, la sensualité. Il eut une grande impulsion de tendresse, il prit cette demi-femme, cette demi-enfant, cette sorte d'infirme, cette irresponsable, son amour, dans ses bras et il lui parla à l'oreille :

« Demain matin, je passerai prendre les billets d'avion pour Genève. »

XXIII

Cinq semaines passèrent. L'opération avait été brève, bien faite et elle avait téléphoné à Charles en rentrant pour le rassurer. Mais il n'était pas là et elle avait laissé le message à la standardiste avec un vague sentiment de déception. Antoine était très absorbé par une nouvelle collection littéraire qu'on lui avait confiée et sa situation s'améliorait sensiblement grâce à un des très nombreux bouleversements qui se produisaient à ce moment-là dans l'édition. Ils dînaient fréquemment avec des amis, des collaborateurs, des relations d'Antoine et elle s'étonnait, se réjouissait de l'ascendant qu'il semblait exercer sur eux. Ils ne parlaient jamais de Genève, simplement ils prenaient désormais certaines précautions. En fait, ce n'était pas très difficile car elle était fatiguée et Antoine assez soucieux et il leur arrivait parfois de s'embrasser tendrement le soir avant de s'endormir, d'abord le visage tourné vers l'autre, puis le dos. Elle rencontra Johnny au Flore, un après-midi de février où il pleuvait beaucoup. Il lisait une revue d'art d'un œil oblique car il y avait un ravissant jeune homme blond sur une ban-

quette proche et elle commença par passer devant lui,
discrètement, mais il l'appela, l'invita avec chaleur et
elle s'assit près de lui. Il était évidemment bronzé et il
la fit rire un bon moment avec les dernières aventures
de Claire à Gstaad. Diane avait changé son diplomate
cubain contre un romancier anglais qui la trompait
avec des jeunes gens — ce qui enchantait évidemment
Johnny. Il lui demanda des nouvelles d'Antoine distraitement et elle lui répondit de même. Il y avait
longtemps qu'elle n'avait ri aussi librement, aussi méchamment. Les amis d'Antoine étaient généralement
intelligents mais redoutablement sérieux.

« Vous savez que Charles vous attend toujours, dit
Johnny. Claire a essayé de lui lancer la petite de Clair-
vaux dans les bras mais cela n'a pas duré deux jours.
Je n'ai jamais vu un homme bâiller autant. Il allait du
hall de l'hôtel au restaurant de l'hôtel, au bar de l'hôtel
en donnant le cafard à tout le monde. C'était effrayant.
Que lui avez-vous fait ? Que faites-vous aux hommes
en général ? J'aurais bien besoin de vos conseils. »

Il souriait. Il avait toujours eu de l'affection pour
elle et il lui déplaisait de la voir habillée d'un vieux
tailleur et les cheveux en désordre. Elle avait toujours
ce charme d'adolescent, cet air lointain et amusé quand
même, mais elle était pâle et maigre. Il s'inquiéta :

« Vous êtes heureuse ? »

Elle répondit que oui, très vite, trop vite et il en dé-
duisit qu'elle s'ennuyait. Après tout, Blassans-Lignè-
res avait toujours été charmant avec lui, pourquoi ne
pas essayer de lui ramener Lucile ? Ce serait une bonne
action. Et il oubliait complètement dans la recherche

de ses motifs, le violent mouvement de jalousie qu'il avait éprouvé, il y avait huit mois de cela, en voyant se regarder, immobiles et pâles de désir, au cocktail de cet Américain à la mode, Lucile et Antoine qui étaient amants de la veille.

« Vous devriez téléphoner à Charles, un jour. Il a très mauvaise mine. Claire craint même qu'il n'ait une vilaine maladie.

— Vous voulez dire...

— On parle tellement de cancer, en ce moment. Mais là, je crains qu'il n'y ait quelque chose de vrai. »

Il mentait. Il voyait avec amusement le visage de Lucile devenir un peu plus pâle. Charles... Charles si gentil, si seul dans son immense appartement. Charles si abandonné par tous ces gens qu'il n'aimait pas, qui ne l'aimaient pas, par toutes ces filles qu'on lançait sur lui pour son argent. Charles malade. Elle devait lui téléphoner. Antoine avait d'ailleurs des déjeuners et des dîners importants toute la semaine à venir. Elle remercia Johnny de la prévenir et ce dernier se souvint un peu tard de ce que Claire détestait Lucile. Elle serait sûrement furieuse si elle renouait avec Charles. Mais il ne lui déplaisait pas parfois de jouer un vilain tour à cette chère Claire.

Elle appela donc Charles, un matin et ils convinrent de déjeuner ensemble le lendemain. C'était un jour d'hiver, froid, beau et clair et il trouva nécessaire qu'elle prît quelques cocktails pour se réchauffer en même temps que lui. Les mains des maîtres d'hôtel rasaient la table comme des hirondelles, il faisait délicieusement chaud, et le léger et — on le sentait —

futile brouhaha du restaurant faisait un bruit de fond des
plus rassurants. Charles établit leur menu avec sa science
habituelle, il se rappelait tout de ses goûts. Elle le regardait attentivement, essayant de distinguer les marques de la maladie sur son visage mais, en fait, il avait
plutôt rajeuni depuis leur dernière rencontre. Elle finit par le lui dire, sur un vague ton de reproche, et il
sourit :

« J'ai eu des ennuis cet hiver. Une bronchite qui
n'en finissait pas. J'ai passé trois semaines mortelles
aux sports d'hiver et c'est fini.

— Johnny m'avait dit que vous aviez des ennuis de
santé...

— Moi, pas le moindre, dit-il gaiement, vous pensez bien que je vous en parlerais.

— Vous me le jurez ? »

Il prit l'air sincèrement surpris.

« Mais, mon Dieu, bien sûr, que je vous le jure. Vous
avez toujours cette manie des serments ? Il y a longtemps que je n'avais dû jurer quelque chose. »

Il se mit à rire tendrement et elle rit avec lui.

« Johnny m'avait laissé entendre que vous aviez un
cancer, tout bonnement. »

Il s'arrêta de rire aussitôt.

« Et c'est pour cela que vous m'avez téléphoné ?
Vous ne vouliez quand même pas que je meure seul ? »

Elle secoua la tête :

« J'avais envie de vous revoir, aussi. »

Et, à son grand étonnement, elle se rendit compte
que c'était vrai.

« Je suis vivant, ma chère Lucile, déplorablement

vivant, bien que les morts doivent avoir encore plus de sensations que moi. Je travaille encore et comme je n'ai pas assez de courage pour vivre seul chez moi, je sors. »

Il fit une pause puis reprit à voix plus basse :

« Vous avez toujours les cheveux aussi noirs, les yeux aussi gris. Vous êtes très en beauté. »

Elle se rendit compte qu'il y avait longtemps qu'on ne lui avait parlé de ses couleurs, ni même de son aspect physique. Antoine estimait sans doute que son désir excluait toute nécessité d'explication. C'était pourtant bien agréable, cet homme mûr, en face d'elle, qui la contemplait comme un objet inaccessible et non comme un désir réalisable sur l'heure...

« Je me demandais, dit-il, si vous seriez libre jeudi soir. Il y a un très beau concert chez les Moll, dans leur hôtel de l'île Saint-Louis. On doit jouer ce concerto pour flûte et harpe de Mozart que vous aimiez tant et Louise Wermer elle-même a accepté de venir jouer. Mais, sans doute, cela vous sera-t-il difficile ?

— Pourquoi ?

— J'ignore si Antoine aime la musique et, surtout, si une invitation passant par moi ne l'agacera pas ? »

C'était bien Charles, cette invitation. Il l'invitait avec Antoine parce qu'il était avant tout poli, il préférait la voir avec lui que de ne pas la voir du tout. Il l'attendrait et il la sortirait de tous ses ennuis, quoi qu'il arrive. Et elle l'avait oublié six mois, et il avait fallu qu'elle le croie à l'article de la mort pour se manifester. D'où cela venait-il, comment pouvait-il supporter cette inégalité terrible de rapports, où trouvait-

il assez d'éléments pour nourrir cet amour, sa géné-
rosité, sa tendresse si peu payée de retour ? Elle se pencha vers lui :

« Pourquoi m'aimez-vous encore ? Pourquoi ? »

Elle lui parlait âprement, presque avec rancune, et
il hésita un instant :

« Je pourrais vous dire que c'est parce que vous ne
m'aimez pas et ce serait d'ailleurs une très bonne raison, quoique incompréhensible pour vous, avec votre
volonté de bonheur. Mais il y a autre chose, chez vous,
qui m'a séduit. C'est... »

Il hésita un peu :

« Je ne sais pas. Un élan, l'impression de quelqu'un
en route et Dieu sait que vous ne voulez aller nulle
part. Une sorte d'avidité et Dieu sait que vous ne voulez rien posséder. Une sorte de gaieté perpétuelle et
vous riez rarement. Vous savez, les gens ont toujours
l'air débordé par leur vie, et vous, vous avez l'air de
déborder la vôtre. Voilà. Je m'explique mal. Voulez-
vous un sorbet au citron ?

— C'est sûrement très bon pour la santé, dit-elle rêveusement. Antoine a un dîner d'éditions jeudi, ajouta-t-elle, et c'était vrai, je viendrai seule, si vous le
voulez bien. »

Il le voulait bien, il ne voulait que cela. Ils prirent
rendez-vous à huit heures et demie et quand il pro-
posa « à la maison », elle ne pensa pas un instant à la
rue de Poitiers. La rue de Poitiers, c'était une chambre,
ce n'était pas, ce n'avait jamais été une maison même
si elle avait été le paradis et l'enfer mêlés.

XXIV

L'HÔTEL des La Moll avait été celui d'un ministre quelconque au XVIIIe siècle. Les pièces étaient immen-
ses, les boiseries superbes et la lumière implacable et
douce à la fois des bougies (implacable parce qu'elle
fait ressortir l'esprit — ou le manque d'esprit — d'un
visage, douce parce qu'elle en efface l'âge) augmentait
encore les dimensions, le charme du grand salon. L'or-
chestre était au fond, sur une sorte de petite scène et,
en se penchant, en évitant le reflet des bougies dans la
vitre, Lucile pouvait voir la Seine, lumineuse et noire,
à vingt mètres sous elle. Il y avait une sorte d'irréa-
lité dans cette soirée, pour elle, tant était parfaite la
vue, parfait le décor, parfaite la musique. Elle eût peut-
être bâillé, un an auparavant, elle eût peut-être sou-
haité la glissade malheureuse d'un invité ou la chute
sonore d'un verre, mais quelque chose en elle, ce soir-
là, appréciait désespérément la tranquillité, l'ordre, la
beauté que s'étaient offerts, à force de trafics aux colo-
nies, les respectables La Moll.

« Voici votre concerto », murmura Charles.

Il était assis près d'elle et elle distinguait l'éclat de

sa chemise de smoking , la coupe parfaite de ses cheveux, sa main soignée, tachetée et longue tenant un
verre de scotch qu'il lui tendrait aussitôt qu'elle en ex-
primerait le désir. Il était beau, ainsi, dans cette hési-
tante lumière, il semblait sûr de lui et un peu enfantin,
il semblait heureux. Johnny avait souri en les voyant
arriver ensemble et elle ne lui avait pas demandé la
raison de son mensonge. La vieille dame se penchait
sur sa harpe, à présent, elle souriait un peu, le jeune
flûtiste la consultait du regard et l'on pouvait voir sa
gorge battre. Il y avait une fort belle assemblée et il
devait être intimidé. C'était décidément une soirée à la
Proust : on était chez les Verdurin, le jeune Morel
faisait ses débuts et Charles était le nostalgique Swann.
Mais il n'y avait pas de rôle pour elle dans cette superbe comédie, pas plus qu'il n'y en avait eu à *Réveil*
dans ce bureau glacé trois mois avant, pas plus qu'elle
n'en trouverait sa vie durant. Elle n'était ni une cour-
tisane, ni une intellectuelle, ni une mère de famille, elle
n'était rien. Et les premières notes arrachées doucement à la harpe par Louise Wermer lui firent monter
les larmes aux yeux. C'était une musique qui deviendrait de plus en plus tendre, elle le savait, de plus en
plus nostalgique, de plus en plus irrémédiable, même si
cet adjectif ne supportait pas la notion de plus ou de
moins. C'était une musique plutôt inhumaine quand
on a essayé d'être heureuse, d'être gentille, mais que
l'on fait souffrir deux hommes, et que l'on ne sait plus
qui l'on est. La vieille dame ne souriait plus et la
harpe devenait si cruelle que, subitement, Lucile tendit la main vers l'être humain qui était à sa portée,

c'est-à-dire Charles et saisit sa main à lui. Cette main,
cette chaleur provisoire, bien sûr, mais vivante, ce
contact de la peau, c'était tout ce qui s'interposait entre
elle et la mort, elle et la solitude, elle et l'effroya-
ble attente de tout cela qui se relançait ou conjuguait
ensemble là-bas, la flûte et la harpe, le jeune homme
timide et la femme âgée, parfaitement à égalité, tout
à coup, dans cet éclatant mépris du temps que crée la
musique de Mozart. Charles garda sa main dans la
sienne. De temps en temps, de sa main libre, il saisis-
sait un verre et le tendait à l'autre main de Lucile. Elle
but beaucoup ainsi. Et il y eut beaucoup de musique.
Et la main de Charles était de plus en plus sûre, étroite,
allongée, chaude dans la sienne. Et qui était cet homme
blond qui l'envoyait dans les cinémathèques sous la
pluie, qui voulait qu'elle travaille ou qu'elle se fasse
avorter par des demi-bouchers ? Qui était cet Antoine
qui déclarait pourris ces gens aimables, la lumière ex-
quise des bougies, la profondeur des canapés et la musique de Mozart ? Il ne le disait pas, bien sûr, tout au
moins des canapés, des bougies et de Mozart mais il le
disait de ceux-là mêmes qui, en ce moment, lui of-
fraient tout cela, plus ce liquide doré, glacé, chaleureux qui coulait dans sa gorge comme de l'eau. Elle
était ivre, immobile et comblée, cramponnée à la main
de Charles. Elle aimait Charles, elle aimait cet homme
silencieux et tendre, elle l'avait toujours aimé, elle ne
voulait plus le quitter et elle fut étonnée de son rire
navré quand elle le lui déclara, dans la voiture.

« Je donnerais tout pour vous croire, dit-il, mais
vous avez bu. Ce n'est pas moi que vous aimez. »

Et, bien sûr, quand elle vit les cheveux d'Antoine sur l'oreiller, son long bras installé en travers de sa place à elle, elle sut que Charles avait raison. Mais elle en éprouva un curieux regret. Pour la première fois...

Il y eut plusieurs autres fois, elle aimait toujours Antoine sans doute, mais elle n'aimait plus l'aimer, elle n'aimait plus leur vie commune, l'absence de folies qu'impliquait leur manque d'argent, la monotonie des jours. Il le sentait et il redoublait d'activités extérieures, il la négligeait presque. Les heures vides, qu'elle passait autrefois si comblée à l'attendre, étaient devenues vraiment vides parce qu'elle ne l'attendait plus comme un miracle mais comme une habitude. Elle voyait Charles parfois, elle n'en parlait pas à Antoine, il était inutile d'ajouter la jalousie à ce tourment résigné dans les yeux jaunes. Et la nuit, c'était plus à un combat qu'ils se livraient, qu'à un acte d'amour. Cette science, dont ils s'étaient servis si longtemps pour prolonger le plaisir de l'autre, devenait insensiblement une technique brutale pour en finir plus vite. Non point par ennui, mais par peur. Ils s'endormaient rassurés par leurs plaintes, ils oubliaient qu'ils en avaient été d'abord émerveillés.

Un soir qu'elle avait bu, car elle buvait beaucoup en ce moment, elle rentra chez Charles. Elle se rendit à peine compte de ce qui se passait. Elle se disait simplement que cela devait arriver et qu'elle devait le dire à Antoine. Elle rentra à l'aube et elle le réveilla. Six mois auparavant, il était dans cette même chambre, fou amoureux d'elle qu'il pensait avoir perdue et ce

n'était pas elle, mais Diane qui lui disait adieu. Il l'avait
perdue pour de bon, à présent, il avait dû manquer
d'autorité, ou de force, ou de quelque chose qu'il ignorait mais il ne cherchait même plus à savoir quoi. Il
y avait trop de jours qu'il remâchait obstinément ce
goût de défaite, ce sentiment d'impuissance. Il faillit
lui dire que son geste n'avait aucune importance, qu'elle
l'avait toujours trompé de toute façon, avec Charles,
avec la vie, avec sa propre nature. Mais il revit le mois
d'été, il se rappela le goût de ses larmes ce dernier
mois d'août, sur son épaule, et il ne dit rien. Depuis
plus d'un mois, depuis Genève, il s'attendait à son départ. Peut-être y a-t-il des choses après tout qui ne
peuvent se faire entre un homme et une femme sans
les blesser définitivement, aussi libres soient-ils, et
peut-être ce séjour à Genève en faisait-il partie. Ou
peut-être en était-il décidé ainsi depuis le départ, depuis leur fou rire chez Claire Santré. Il lui faudrait
longtemps pour se remettre, il s'en rendait compte
en regardant le visage las, les yeux gris cernés de Lucile, sa main posée sur son drap. Il connaissait chaque
angle de ce visage, chaque courbe de ce corps, ce
n'était pas une géométrie dont on pouvait se débarras-
ser si facilement. Ils se dirent des choses banales. Elle
avait honte, elle était dépourvue de sentiments et, sans
doute, eût-il suffi qu'il crie pour qu'elle reste. Mais il
ne cria pas.

« De toute façon, dit-il, tu n'étais plus heureuse.

— Toi non plus. »

Ils échangèrent un curieux sourire d'excuses, désolé
et presque mondain. Elle se leva et partit et c'est seule-

ment quand elle eut refermé la porte qu'il se mit à gémir son nom : « Lucile, Lucile » et à s'en vouloir. Elle
revint à pied vers la maison, vers Charles, vers la solitude, elle se savait à jamais rejetée de toute existence
digne de ce terme et elle pensait qu'elle ne l'avait pas
volé.

XXV

Ils se revirent deux ans plus tard, chez Claire Santré. Lucile avait finalement épousé Charles; Antoine était devenu le directeur d'un nouveau groupe d'éditions, et c'était à ce titre qu'il y était invité. Ses affaires l'absorbaient beaucoup et il avait un peu tendance à s'écouter parler. Lucile avait toujours du charme, son air heureux et un jeune Anglais, nommé Soames, lui souriait beaucoup. Antoine se trouva près d'elle à table, soit le hasard, soit une malice ultime de Claire et ils parlèrent posément de littérature.

« D'où vient l'expression « la chamade », demanda le jeune Anglais à l'autre bout de la table.

— D'après le Littré, c'était un roulement joué par les tambours pour annoncer la défaite, dit un érudit.

— C'est follement poétique, s'écria Claire Santré en joignant les mains. Je sais que vous possédez plus de mots que nous, mon cher Soames, mais vous m'avouerez que, pour la poésie, la France reste la reine. »

Antoine et Lucile étaient à un mètre l'un de l'autre. Mais, de même que la chamade ne leur rappelait plus rien, la déclaration de Claire ne leur donna plus le moindre fou rire.

ŒUVRES DE FRANÇOISE SAGAN

Chez René Julliard :

BONJOUR TRISTESSE, roman (*Prix des Critiques, 1954*).
UN CERTAIN SOURIRE, roman.
DANS UN MOIS, DANS UN AN, roman.
AIMEZ-VOUS BRAHMS.., roman.
CHATEAU EN SUÈDE, théâtre.
LES MERVEILLEUX NUAGES, roman.
LES VIOLONS PARFOIS, théâtre.
LA CHAMADE, roman.
LA ROBE MAUVE DE VALENTINE, théâtre.
LE GARDE DU CŒUR, roman.
BONHEUR, IMPAIR ET PASSE.
LANDRU.
LE CHEVAL ÉVANOUI *suivi de* L'ÉCHARDE, théâtre.

Chez Flammarion :

UN PEU DE SOLEIL DANS L'EAU FROIDE.
DES BLEUS A L'AME.
UN PIANO DANS L'HERBE, théâtre.

TABLE

IMPRIMÉ EN FRANCE PAR BRODARD ET TAUPIN
7, bd Romain-Rolland - Montrouge - Usine de La Flèche.
LE LIVRE DE POCHE - 22, avenue Pierre 1er de Serbie - Paris.

ISBN : 2 - 253 - 00701 - 3   ◈ 30/2751/3